Le Solfège

DANS LA SÉRIE MÉMO

Conjugaison française, Librio n° 470
Grammaire française, Librio n° 534
Orthographe française, Librio n° 596
Difficultés du français, Librio n° 642
Dictionnaire de rimes, Librio n° 671
Le français est un jeu, Librio n° 672
Figures de style, Librio n° 710
Histoire de l'art et des styles, Librio n° 714
Le Mot juste, Librio n° 772
Apprendre à apprendre, Librio n° 831
Grand Librio – langue française, Librio n° 835
Le théâtre est un jeu, Librio n° 880
Histoire de l'architecture, Librio n° 888
Histoire de la sculpture, Librio n° 889
Le bac de français est un jeu, Librio n° 897
Le Dico du français, Librio n° 921
Grand Librio – expression française, Librio n° 832
Le Dico des symboles, Librio n° 998
Apprendre à prendre des notes, Librio n° 999
Le Grand Vrai/Faux de la culture générale, Librio n° 1002
Apprendre à réussir, Librio n° 1003
Apprendre à réviser, Librio n° 1004
Les Copies idéales du bac philo, Librio n° 1005
Comment réussir son bac de philo, Librio n° 1006
Apprendre à rédiger, Librio n° 1012
Comment réussir son bac de français, Librio n° 1016
Les Dix philosophes incontournables du bac, Librio n° 1019
L'opéra est un jeu, Librio n° 1068
Le latin est un jeu, Librio n° 1069
Comment réussir son permis de conduire, Librio n° 1087

Daniel Ichbiah

Le Solfège

Méthode simple et amusante
en quatorze leçons

Version augmentée

Librio

Inédit

SOMMAIRE

AVANT-PROPOS

Irrespectueuse, simplificatrice, iconoclaste, tels sont les adjectifs qui pourraient qualifier la méthode écrite par Daniel Ichbiah, sobrement appelée *Solfège*.
Loin des canons d'apprentissage et des méthodes didactiques, on préfère ici stimuler la sensibilité et l'imagination du lecteur – apprenti – musicien. L'auteur propose à l'étude une nouvelle dimension : l'affectif, qui ne s'oppose pas à la rigueur, comme dans cet excellent chapitre 2 consacré à l'étude de la gamme.
Cette méthode réussit son pari : stimuler l'initiative, éveiller la curiosité et par là ouvrir les portes de l'apprentissage du solfège.

Place aux petits oiseaux perchés sur les fils téléphoniques ! Dans un décor planté par la main gauche, écoutez l'histoire que vous conte la gamme jouée par votre main droite... Et si vous ne comprenez pas bien mon discours, n'attendez pas l'appel du do dièse, mais tournez les pages qui vont suivre : vous y trouverez, en plus de la clé de fa et de sol, la clé de la compréhension du solfège, le jeu.

Alors, à vous de jouer !

Thierry Carpentier
Médaille d'or de solfège à l'École
nationale de musique d'Annecy

INTRODUCTION

Sentir sous ses doigts une danse de Schubert, quelques accords de jazz, un morceau de Phil Collins... Cette source de plaisir est intarissable, dès que l'on pose les doigts sur un clavier, même des années après l'apprentissage initial. Mieux encore, l'interprétation se bonifie avec le temps, car elle devient plus personnelle.
Mais, pour apprendre à jouer de la musique, il faut passer par un système difficile et complexe : le solfège !
J'ai vu des apprentis musiciens, le sourire aux lèvres, acquérir un instrument le samedi matin, bien décidés à s'astreindre à une pratique journalière, prendre un aller simple vers les îles de la Béatitude. Et puis voilà... Ils abordent le solfège et découvrent cette infernale notation ! Les épaules s'affaissent, le teint devient pâle, le moral s'effondre et les bonnes résolutions s'évaporent bien avant le dimanche soir.
De la théorie à la pratique, le temps paraît parfois bien long !

Le plaisir avant tout

Ayant étudié une bonne dizaine de méthodes de solfège (dont certaines faisaient de sérieux efforts de pédagogie), j'ai emprunté plusieurs principes à certaines d'entre elles tout en innovant sur quelques points. Il m'a en effet semblé que la meilleure façon de franchir les différentes étapes consistait à transgresser le caractère sacro-saint du solfège et à le traiter de manière ludique, parfois même « irrespectueuse ». Certains musicologues pousseront peut-être des cris d'orfraie en découvrant ce guide. Peu importe : cette méthode se donne pour objectif de vous faire ressentir rapidement le plaisir de jouer des morceaux.

Puisqu'il s'agit ici d'une introduction au solfège, toutes les notions avancées ont volontairement été écartées. Si, au terme de cette étude, vous choisissez d'apprendre le solfège de façon plus poussée, vous pourrez aborder l'une des méthodes existantes et approfondir ce vaste sujet. Ce livre a pour vocation d'accompagner vos premiers pas avec un seul mot d'ordre, le plaisir !

À la découverte d'un nouvel alphabet

Le solfège est comparable à un alphabet. Lorsque vous posez les yeux sur un texte, vous le lisez sans prêter attention aux lettres qui le constituent. Mais souvenez-vous de vos premières lectures, ou observez des enfants déchiffrant leurs premiers mots : il a fallu une énorme dose de pratique avant que la lecture ne devienne naturelle et spontanée.
Il se trouve que le déchiffrage d'une partition fait appel à un grand nombre de notions, davantage que pour la lecture d'un texte. Le musicien doit pouvoir déchiffrer à la fois le rythme et la mélodie des notes. Fort heureusement, ce n'est qu'une question de pratique. Et cette pratique doit s'acquérir de manière progressive.
Mais il va falloir effectuer un très grand nombre d'exercices de lecture, d'écriture et d'interprétation avant de pouvoir associer automatiquement le symbole lu sur la partition et la note correspondante.
Pour vous aider à les accomplir, vous pouvez imprimer la partition vide sur la page web associée à ce livre (http://ichbiah.online.fr/music/solfege/solfege.htm).

Le matériel

L'esprit de cette méthode est pratique : vous lisez et vous jouez ! L'accessoire indispensable est donc un clavier. Ce peut être un piano, un synthétiseur, un clavier MIDI relié à un ordinateur, etc. S'il s'agit d'un petit clavier, il faudrait qu'il couvre au minimum cinq octaves.
À partir du chapitre 2, « la gamme de do », ce clavier sera constamment sollicité. Au bout de quelques semaines, lorsque vous verrez une note sur une partition, vous l'entendrez naturellement avant même de la jouer !

1
LES SYMBOLES-CLÉS

Lorsque l'on observe la plupart des partitions, il y a de quoi être décontenancé. Que de symboles et d'indications ! Ils servent tous à indiquer au musicien ce qu'il faut interpréter, mais aussi comment le jouer. Afin que vous vous sentiez plus à l'aise devant une partition, apprenons en tout premier lieu à identifier les principaux éléments que l'on peut rencontrer. Commençons par les signes immuables, ceux que l'on retrouve dans presque toutes les partitions existantes.

1 - Portée

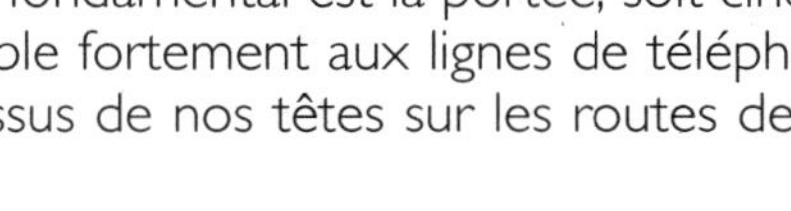

L'élément le plus fondamental est la portée, soit cinq lignes parallèles. Oui, cela ressemble fortement aux lignes de téléphone que l'on voit apparaître au-dessus de nos têtes sur les routes de campagne.

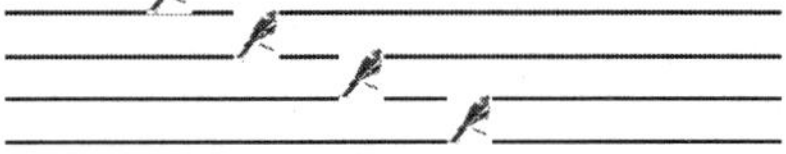

Pour ce qui est des lignes de téléphone, bien souvent, elles servent de perchoir naturel aux oiseaux. Eh bien, tout se passe comme si ces animaux s'installaient là pour chanter, mais en respectant un ordre précis : les plus jeunes au sommet, les plus âgés en-dessous. En d'autres termes, nos volatiles se répartiraient de bas en haut, du grave à l'aigu.

La portée suit un principe similaire. Comme son nom l'indique, elle a pour mission de porter les notes. Plus elles sont haut sur la portée, plus elles sont aiguës, et inversement. De fait, le terme utilisé très justement pour désigner leur position dans l'échelle des graves et des aigus est la **hauteur**.

Seulement voilà... La famille des notes est très nombreuse et, pour loger tout ce beau monde, il faut ruser. Du coup, tandis que certains s'installent entre deux lignes (de loin la place la plus confortable), d'autres doivent s'accrocher « à cheval » sur une ligne. Il devient ainsi possible de caser neuf membres du club.
Sur la figure ci-dessus, certaines notes sont noires et d'autres blanches. Leur couleur permet d'indiquer leur durée. Cet aspect sera étudié en détail dans le chapitre 3.

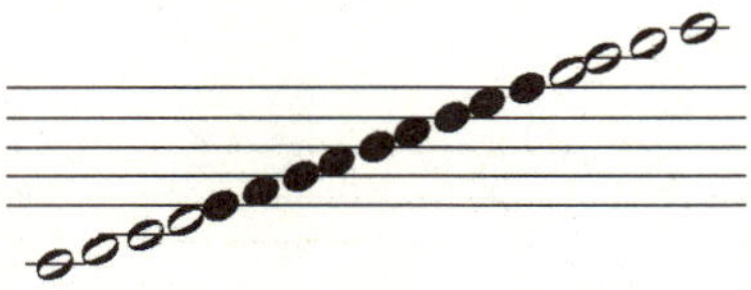

La portée n'offre pas un espace suffisant pour loger toutes les notes et, par la force des choses, certaines doivent se placer à l'extérieur de la portée. Dans ce cas, une petite ligne horizontale est tracée au-dessous ou au-dessus de la portée afin d'accueillir lesdites notes.

2 - CLÉ

Au tout début de la portée, sur la gauche, se trouve un symbole qui permet d'identifier les notes. Il s'agit de la clé.
Nous l'avons vu, la portée de cinq lignes ne suffit généralement pas à loger toutes les notes que peut produire un instrument. Selon qu'il s'agit d'une flûte, d'une clarinette ou d'un piano, les notes seront réparties différemment sur les cinq lignes de la portée (et autour d'elle) afin d'optimiser l'espace disponible. La clé va indiquer comment interpréter les notes placées sur la portée.

La plus connue de toutes les clés est la clé de sol. La boucle de forme circulaire permet de repérer où se trouve le sol, à cheval sur la deuxième ligne en partant du bas. À partir de ce sol, nous pouvons déduire où se trouvent les autres notes. Ainsi le do se tient-il juste sous la portée, à cheval sur une ligne.

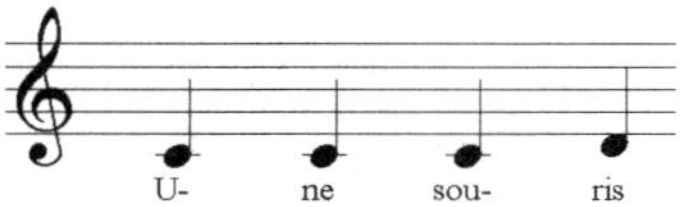

La clé de sol est celle qui est utilisée sur les partitions pour indiquer les notes à chanter. Les paroles que doit interpréter le chanteur sont placées sous les notes.

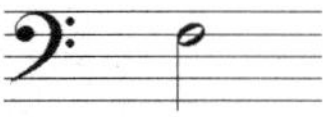

La deuxième clé que l'on rencontre sur la plupart des partitions est la clé de fa. La note de référence, le fa, peut être repéré par les deux points : il vient se placer à cheval sur la ligne correspondante. Là encore, les autres notes seront déduites de cette position.

La clé de sol et la clé de fa sont présentes sur toutes les partitions pour piano ou clavier. Ce sont les seules que nous aborderons dans ce livre, dès le prochain chapitre.
Nous pouvons déjà retenir deux points essentiels, concernant le piano :

La clé de sol est utilisée pour indiquer les notes que doit jouer la main droite, le plus souvent la mélodie.
La clé de fa indique les notes que doit jouer la main gauche, le plus souvent l'accompagnement.

Sur une partition, ces deux portées sont reliées par une accolade.

3 - RYTHME

La deuxième indication majeure que l'on trouve sur une portée est celle du rythme du morceau. Composée de deux chiffres, elle est placée juste après la clé.

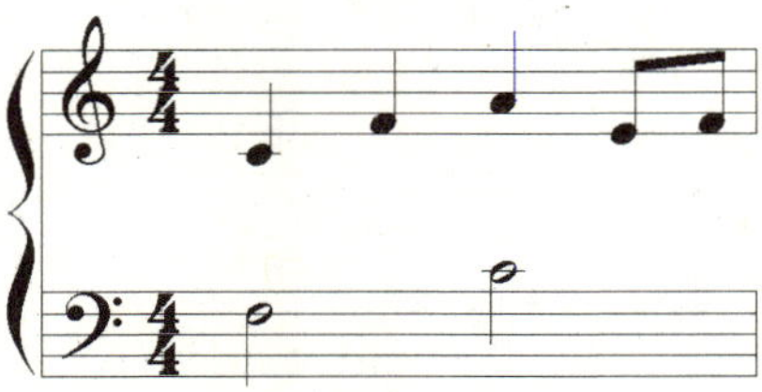

Le chiffre supérieur indique le nombre de temps, tandis que le chiffre situé au-dessous indique l'unité de temps. Pour l'heure, il nous suffit de savoir reconnaître trois notations fondamentales.

Le rythme le plus répandu est le $\frac{4}{4}$ et il correspond au battement que l'on retrouve dans la plupart des musiques actuelles (rock, dance, pop, techno...) : 1, 2-3-4, 1 2-3-4, 1 2-3-4, etc.

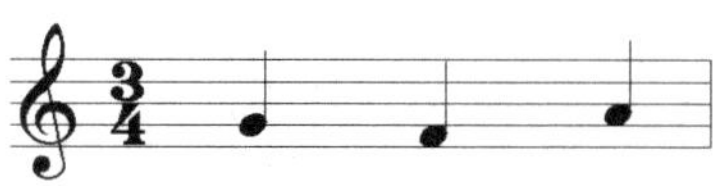

La deuxième figure la plus répandue, le $\frac{3}{4}$, est le rythme de la valse : 1 2-3, 1 2-3, 1 2-3, etc. On le retrouve souvent dans la musique de l'époque romantique, l'exemple le plus célèbre étant probablement *Le Beau Danube bleu* de Strauss ; mais aussi dans de nombreuses chansons populaires.

La troisième figure rythmique que l'on rencontre usuellement est le $\frac{2}{4}$. Il est utilisé dans de nombreux thèmes folkloriques, notamment dans la musique country américaine. Il correspond à deux battements : 1-2, 1-2, 1-2... Le $\frac{2}{4}$ est souvent entraînant.

4 - Barres de mesures

À partir du moment où le rythme d'un morceau a été fixé, la succession des notes est décomposée en parties de durée égale, appelées mesures. Celles-ci sont délimitées par des barres verticales en travers des portées.

S'il s'agit d'un $\frac{4}{4}$, une mesure correspond à quatre notes de base d'un tel rythme, soit 4 noires. Sur certaines partitions, le numéro de chaque mesure est indiqué au-dessus de celles-ci.

S'il s'agit d'un $\frac{3}{4}$, une mesure est équivalente à trois noires.

La lecture du rythme des notes est étudiée dans le chapitre 3.

5 - Autres éléments

Nous avons ci-dessus les principaux éléments d'une partition. Quels sont les autres signes que vous pourriez rencontrer et que signifient-ils ?

6 - SILENCES

Sur la portée apparaissent des notes mais aussi certains signes, tels ceux que nous voyons ici. Ils désignent des moments de silence (aucune note n'est jouée). Les silences seront étudiés dans le chapitre 3.

7 - TEMPO

Sur la plupart des partitions classiques, une indication de tempo (vitesse de jeu) est indiquée au tout début, sous la forme d'un terme italien. Elle correspond à un nombre de battements par minute (BPM), un battement étant égal à une noire. Pour information, notre cœur bat à la pulsation d'environ 80 BPM !
À partir de l'indication de tempo, le musicien peut régler son métronome – un appareil mécanique ou électronique dictant le rythme par une série de battements plus ou moins rapides – ou sa boîte à rythme sur le tempo indiqué. Voici quelles sont les mentions le plus souvent rencontrées :

Largo : lent (aux alentours de 42 à 66 BPM).
Andante : allant (de 56 à 88 BPM environ).

Moderato : modéré (de 80 à 120 BPM environ).
Allegro : allègre, gai (de 116 à 144 BPM environ).
Sur les morceaux récents, il est fréquent que le tempo soit indiqué par un nombre de BPM.

8 - MESURE DE DÉBUT

Parfois, au début d'une partition, deux barres verticales délimitent des fragments à l'intérieur d'un morceau d'une mesure particulière. Elles indiquent alors le début effectif du morceau, les mesures précédentes constituant une introduction.

9 - FIN DE BARRE DU MORCEAU

La dernière mesure d'un morceau porte le plus souvent deux barres verticales, la deuxième étant plus épaisse.

10 - JOUER DEUX FOIS : SIGNE DE RÉPÉTITION

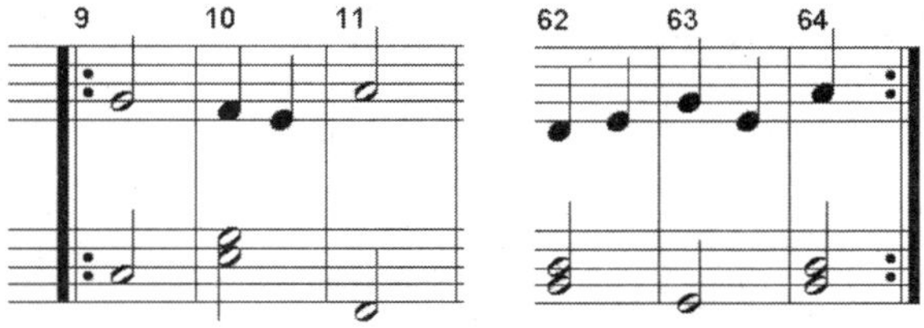

Parfois encore, nous trouvons une double barre de mesure dont le premier élément est épais, mais avec deux points (:) à la suite. Un peu plus loin, nous trouvons le motif inverse. Cela signifie qu'il faut jouer la partie située entre ces deux symboles deux fois de suite. Dans le présent exemple, le musicien devrait jouer deux fois de suite les mesures allant de 9 à 64. Nous rencontrerons ces signes de répétition dans presque tous les morceaux étudiés dans ce livre.

11 - CRESCENDO

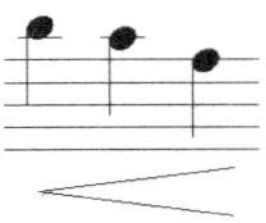

La présence de deux lignes formant un angle sous une portée signifie que le musicien doit jouer les notes correspondantes « crescendo », c'est-à-dire de plus en plus fort. Le signe inverse indiquerait bien évidemment un « decrescendo ». Nous n'utiliserons pas ce symbole dans les partitions de ce livre, mais vous le rencontrerez souvent.

12 - INDICATION DE DOIGTÉ

Parfois, des numéros de 1 à 5 figurent au-dessus des notes. Ils indiquent quel est le doigté recommandé par le compositeur pour une partie d'un morceau. Les chiffres 1 à 5 correspondent aux doigts de la main : 1 = pouce, 2 = index, 3 = majeur, 4 = annulaire, 5 = petit doigt.

Dans le présent livre, qui est une initiation, nous abordons quelques rudiments de doigté par endroits, mais ne nous attardons pas excessivement sur cet aspect des choses, afin de ne pas surcharger l'étude.

13 - STYLE DE JEU

Il arrive parfois qu'un terme italien soit indiqué au-dessous de certaines notes. Le compositeur recommande alors un certain style d'interprétation. Généralement, le terme est aisément compréhensible ; ainsi ***dolce*** signifie « en douceur », ***accelerando*** indique qu'il faut accélérer le tempo, ***ritardando*** qu'il faut progressivement le ralentir, etc.

Parfois encore, c'est une abréviation qui apparaît telle que **mf** ou **p**. Il s'agit là d'indications sur le volume attendu des notes jouées. Voici la signification des principales d'entre elles :

pp : *pianissimo* (très faiblement)
p : *piano* (doucement avec une faible intensité)
mp : *mezzo-piano* (modérément doux)
mf : *mezzo-forte* (modérément fort)
f : *forte* (fort)
ff : *fortissimo* (très fort)

La mention **Ped.** située sous un groupe de notes signifie qu'il faut maintenir enfoncée la pédale de soutien du piano (celle qui prolonge le son d'une note). Le signe en forme de rosace indique, en revanche, qu'il faut appuyer sur la pédale d'étouffement du son. Dans ce guide, nous ne prenons pas en compte le jeu avec les pédales d'un piano et ces signes n'apparaissent donc point sur les partitions étudiées ici.

14 - Accords

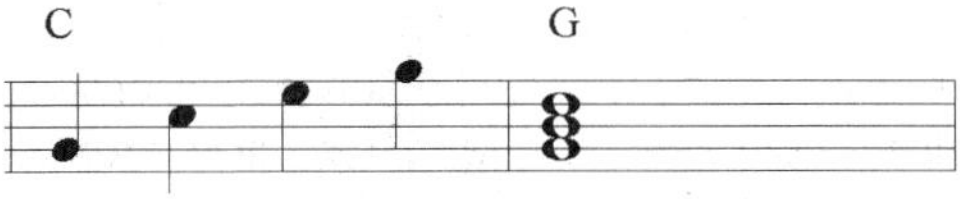

Des lettres alphabétiques sont parfois placées au-dessus de certaines mesures. Elles indiquent l'accord correspondant aux notes de cette mesure – un accord correspond à trois notes ou plus jouées simultanément. Cette notation est le plus souvent destinée aux guitaristes qui peuvent ainsi accompagner un morceau en s'aidant de cette simple ligne. La notation A, B, C, D… correspond à une norme anglo-saxonne de désignation des notes : A = la, B = si, C = do, D = ré… Cette notation n'est utilisée que dans une seule partition de ce livre, au chapitre 9.

15 - LEGATO

La présence d'une courbe au-dessus d'une série de notes signifie que le compositeur recommande un jeu *legato*. Dans ce mode, les notes sont enchaînées (liées) plutôt que détachées. La musique donne l'impression de « couler », les notes s'enchaînant les unes aux autres plutôt que de sonner chacune de manière distincte. Cette indication de jeu *legato* est présente dans deux des partitions de ce livre, aux chapitres 11 et 15.

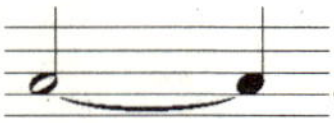

Si la courbe relie deux notes de même hauteur, cette liaison a une autre fonction. Elle prolonge alors la durée de la première note (la deuxième note indiquée sur la portée n'est pas jouée). Nous aborderons ce point dans le chapitre 3, consacré aux rythmes.

16 - STACCATO

Un point placé au-dessus ou au-dessous d'une note indique une note qu'il faut clairement détacher des autres : le musicien appuie nettement sur la touche puis la relâche.

17 - ALTÉRATION À LA CLÉ

Sur certaines partitions, des dièses ou des bémols apparaissent entre l'indication de la clé et la rythmique. Si c'est le cas, cela signifie qu'il

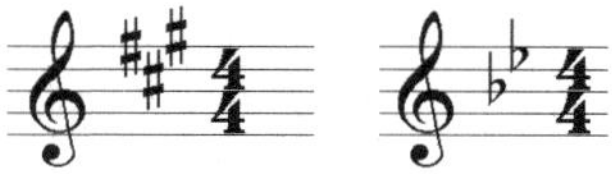

faudra appuyer (sauf exception) sur les touches noires du clavier (et non sur les blanches) lorsque la note correspondante apparaît sur la ligne portant le dièse ou le bémol. Nous aborderons cet aspect au chapitre 10.

18 - POINT D'ORGUE

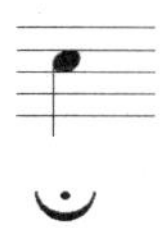

Si vous rencontrez ce symbole au-dessus ou au-dessous d'une note, il s'agit d'un « point d'orgue » et il indique que la durée de cette note n'est pas précisée de façon stricte, à charge pour le musicien de l'estimer. Nous n'étudierons pas ce cas de figure ici, mais il est bon de savoir reconnaître ce symbole car il apparaît sur de nombreuses partitions.

19 - À VOS MARQUES...

Et voilà... Vous avez là l'essentiel des symboles que vous risquez de rencontrer sur les partitions simples. Comme nous l'avons vu, vous n'aurez aucunement à vous préoccuper d'un grand nombre d'entre eux. Toutefois, le fait de savoir ce qu'ils signifient vous aidera à être plus à l'aise vis-à-vis des partitions.

2

LA GAMME DE DO

Installez-vous près de votre clavier pour étudier ce qui suit.

Sur un clavier, le do est aisé à repérer. Le do est la touche blanche qui est située à la gauche d'un groupe de 2 touches noires.
Il existe 8 do sur un clavier de piano. Ils sont numérotés de 0 à 7, du plus grave au plus aigu. La distance entre deux touches/notes consécutives de même nature (par exemple entre le do 2 et le do 3) est appelée une **octave**.

Exercez votre oreille à reconnaître l'intervalle représenté par une octave en jouant ces diverses touches/notes co.

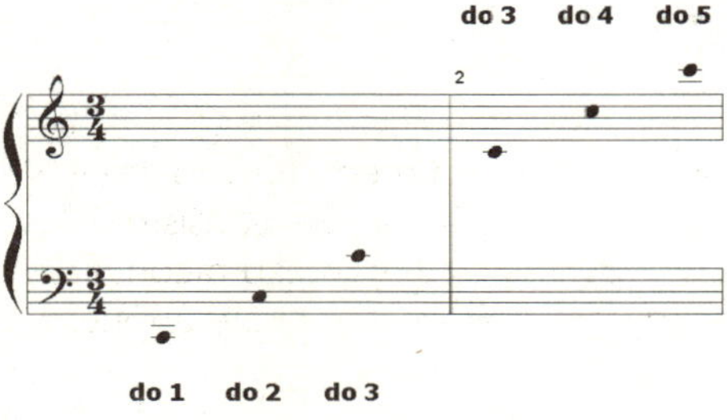

Sur une partition, ces 5 do apparaissent de la façon suivante :

Le do 1 est situé 2 lignes sous la portée en clé de fa.
Le do 2 se place sur la deuxième rangée (en partant du bas) de cette même portée en clé de fa.
Le do 3 est placé à cheval sur une ligne au-dessus de la portée en clé de fa.
Nous retrouvons ce même do 3 à cheval sur une ligne au-dessous de la portée en clé de sol.
Le do 4 est situé sur la troisième rangée (en partant du bas) de la portée en clé de sol.
Le do 5 se place 2 lignes au-dessus de la portée en clé de sol.

Rappelons ce que nous avons entrevu lors du chapitre précédent : la clé de fa correspond à la main gauche et la clé de sol à la main droite. La clé de fa couvre donc une étendue allant de do 1 à do 3 tandis que la clé de sol couvrira l'étendue allant de do 3 à do 5. Dans la pratique, de plus grandes libertés seront prises, mais, pour l'heure, nous nous en tiendrons à cette base.

1 - La gamme raconte une histoire

Pour mieux comprendre comment fonctionnent généralement les morceaux de musique, le plus simple consiste à les comparer à un film. Tout se passe comme si le morceau racontait une histoire. Dans ce contexte, les deux portées ont un rôle à jouer très distinct.

La clé de fa (main droite et notes graves) plante le décor. Elle donne sa couleur à la scène : gaie, triste, inquiétante, etc. Les notes qui sont placées sur cette clé semblent nous dire : « l'action se passe un midi, en plein soleil », « la scène se déroule en pleine nuit, dans une ruelle mal éclairée », etc. La clé de fa pose le contexte du morceau et, à l'instar du décor dans lequel est tournée une action, le thème qu'elle accueille est généralement stable. De fait, bien souvent, cette portée comporte des motifs qui vont se répéter. À titre d'exemple, lorsqu'un saxophoniste de jazz se lance dans une libre improvisation, il est soutenu par un autre musicien, un guitariste par exemple, qui joue inlassablement les mêmes accords. S'il s'agit d'un solo joué au piano, le musicien va dresser un tel canevas avec la main gauche et improviser avec la main droite.
La clé de sol met en valeur l'acteur principal du film : la mélodie. Le thème placé sur cette portée raconte l'histoire. Chaque scène a un début, un milieu et une fin. Et les diverses notes situées entre deux octaves de do vont jouer un rôle particulier dans cette histoire…

2 - La gamme de do majeur

Les notes situées entre deux octaves forment ce que l'on appelle une **gamme**. À titre d'exemple, vous pouvez jouer celle qui apparaît ici sur la clé de sol et va du do 3 au do 4. Pour le moment, ne vous préoccupez pas du doigté.

Nous avons là la gamme dite de « do majeur ».
Une gamme organise des suites de notes selon une certaine logique et il en existe de nombreux types. Celle de do majeur est la plus simple car elle est jouée sur les notes blanches du clavier et, de ce fait, c'est la plus pratique pour démarrer l'étude du solfège.

3 - ENTRAÎNER L'OREILLE

Jouez plusieurs fois la séquence allant de do 3 à do 4 et écoutez l'histoire qu'elle vous conte. Cette gamme semble former un tout : le do 4 termine une action qui a été démarrée en do 3.

4 - LE SI : FIN IMMINENTE

Pour en avoir le cœur net, jouez les notes qui vont de do 3 jusqu'à si. Jouez plusieurs fois une telle séquence en vous arrêtant sur le si. Ne sentez-vous point comme un appel du do 4 ? Jouez ensuite le do 3 puis plusieurs fois le si. À nouveau, le do 4 semble vouloir aspirer l'action. Tout se passe comme si son arrivée était inéluctable.

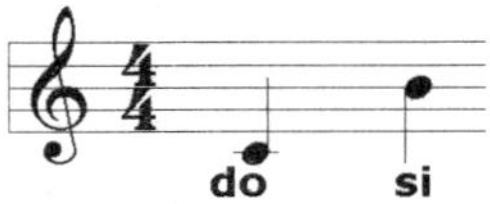

Ainsi, dans la gamme de do majeur, le si a une fonction : celle d'annoncer une fin imminente. Évidemment, il sera utilisé de diverses façons par les compositeurs, mais vous avez là un guide intéressant pour l'oreille. Si vous connaissez le do 3, vous devriez pouvoir trouver le si et donc le lire sur une partition. Il vous suffit en effet de chanter l'octave supérieure puis de sentir cette note qui « appelle » le do 4.

5 - RÉ ET MI : DÉBUT DE L'HISTOIRE ET PAUSE

À présent, jouez les notes do et ré plusieurs fois de suite. À nouveau, vous ressentez un certain malaise… Si, en revanche, vous jouez la séquence do mi, cet inconfort disparaît. Le mi semble donc constituer un point de pause depuis le do. Pour en avoir le cœur net, jouez plusieurs fois de suite les notes do ré, puis jouez la séquence do ré mi. Dans la gamme de do, le trio do ré mi raconte un début d'histoire. Le mi est un point de pause confortable en attendant la suite. Le ré a une fonction transitoire.

6 - FA ET SOL : SUITE DE L'HISTOIRE

À présent, jouez la suite do ré mi fa plusieurs fois de suite. Une fois de plus, le sentiment d'inconfort revient. La suite de notes semble dire « et après ? Que se passe-t-il au juste ? ». Le fa est donc, là encore, une note de transition.

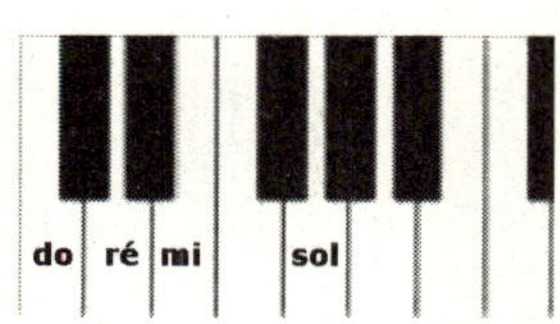

Changeons d'approche. Interprétez à présent la suite do ré mi sol (en sautant le fa). Aussitôt, le sentiment de malaise disparaît. Le sol

constitue à nouveau une pause agréable. Vous pouvez jouer plusieurs fois de suite la séquence do ré mi sol sans éprouver d'inconfort particulier. Si ce n'est qu'au bout d'un moment nous avons envie de savoir comment l'histoire se finit. Une fois de plus le do 4 semble comme appelé.
De fait, si nous jouons la séquence do mi sol do 4, elle coule d'elle-même.

Conclusion : les notes do mi et sol se marient naturellement ensemble. Elles sont en accord. On ne s'étonnera point de constater qu'une fois superposées elles forment l'accord de do majeur.

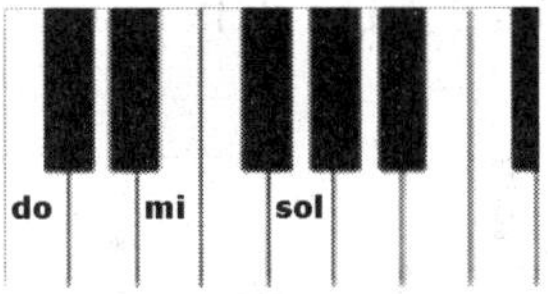

Vous pouvez jouer un tel accord en appuyant sur ces trois touches simultanément. Nous allons revenir sur cet aspect très bientôt.

7 - LA : LE DÉBUT DE LA FIN

À présent, jouez la séquence do ré mi fa sol la. Cette fois, le la dégage un sentiment nouveau. Un tournant s'est produit dans l'histoire. Jouez à nouveau le la, et cette impression que la fin approche se confirme. Le la annonce clairement une terminaison prochaine. Mais il appelle à la fois le si et le do 4. Si vous jouez le do 4 directement après le la, il en ressort une drôle d'impression, comme si une scène du film avait été sautée. De fait, le trio la si do 4 achève l'histoire contée par la gamme.

8 - Exercices sur la gamme

Exercice 2.1

À partir d'une telle base sensitive, exercez votre oreille à percevoir les intervalles de la gamme en jouant ces divers couples de notes. Travaillez d'abord les notes dont l'association est « confortable » :

do et mi, puis : **do et sol**

Exercez-vous ensuite sur l'intervalle do et si (la fin est imminente), puis sur do et ré (début de l'histoire), sur do et fa (deuxième partie de l'histoire), enfin sur l'intervalle do la (le début de la fin).

Exercice 2.2

Une fois que votre oreille s'est bien accoutumée à détecter ces intervalles de la gamme, prenez une feuille de papier et tracez cinq lignes (ou bien utilisez des portées préimprimées comme celles présentes sur le site Web de référence). Dessinez alors des notes de la gamme de do 3 à do 4. Tracez la note, puis indiquez son nom au-dessous afin de vous accoutumer à ces appellations.
Repérez ensuite le son du do 3 sur le clavier puis chantez les diverses notes. Vérifiez ensuite que vous les avez correctement repérées en les jouant sur le clavier après les avoir chantées.

Vous pouvez pratiquer ces exercices de manière détachée, mais avant tout de façon régulière. Il vaut mieux effectuer une telle pratique 5 minutes par-ci par-là, chaque jour, qu'une heure d'affilée toutes les semaines. Idéalement, profitez de chaque moment de libre pour vous entraîner ainsi, afin d'atteindre le niveau où, dès que les yeux se posent sur une partition, les notes se mettent à chanter dans votre esprit.

9 - LE DOIGTÉ DE LA GAMME DE DO, MAIN DROITE

Comme nous l'avons entrevu lors du chapitre précédent, au paragraphe « Indications de doigté », des chiffres apparaissent parfois au-dessus des notes afin d'indiquer un doigté conseillé pour un passage donné. Nous n'insistons pas particulièrement sur cet aspect du solfège dans la présente initiation. Toutefois, il peut être bon de s'habituer à une telle notation.

La nécessité d'organiser l'enchaînement des doigts apparaît clairement lorsque l'on entreprend de jouer les huit notes allant du do 3 au do 4. La nature n'a doté nos mains que de 5 doigts. Si nous voulons jouer les huit notes consécutives de manière fluide, il est donc nécessaire de faire glisser certains doigts afin qu'ils interviennent plusieurs fois durant cette séquence.

La figure ci-dessus nous montre le doigté généralement conseillé pour jouer une telle gamme. Les trois premières notes, do ré mi, sont jouées par le pouce (1), l'index (2) et le majeur (3). Mais le fa est joué par le pouce (de nouveau le chiffre 1). Dès que l'on joue le ré, il faut s'habituer à passer immédiatement le pouce sous le majeur afin qu'il soit prêt à jouer le fa juste après que ce dernier a joué le mi. Les quatre autres notes, sol, la, si, do, sont alors naturellement jouées par l'index (2), le majeur (3), l'annulaire (4) et le petit doigt (5).

Si l'on joue la gamme en descendant, le même doigté s'applique. Mais il est encore plus simple à exécuter car, lorsque l'on arrive au fa joué par le pouce (1), le majeur (3) vient naturellement se placer sur le mi.

Exercez-vous à jouer ainsi la gamme en montant et en descendant afin de vous accoutumer à cette logique de l'enchaînement des doigts.

10 - LE DOIGTÉ DE LA GAMME DE DO, MAIN GAUCHE

La gamme qui va de do 2 à do 3 est interprétée par la main gauche et nous l'apercevons ici, sur une portée en clé de fa. La position des notes est différente de celles de la clé de sol, mais ne vous en souciez pas pour le moment. Ce qui nous importe ici, c'est que le doigté utilisé pour jouer une telle gamme sera différent, puisque les doigts sont disposés de manière symétrique. De fait, celui qui est généralement conseillé est le suivant.

Les notes allant de do à sol sont jouées par le petit doigt (5), l'annulaire (4), le majeur (3), l'index (2) et le pouce (1), puis le majeur (3) passe par-dessus le pouce et joue le la. L'index (2) et le pouce (1) complètent alors la gamme.

Lorsque vous descendez cette gamme, les mêmes doigts sont mis à contribution, mais la technique est différente. Le pouce (1), l'index (2) et le majeur (3) jouent la descente do, si, la. Mais, là encore, le pouce (1) passe sous le majeur afin de jouer le sol. L'index (2), le majeur (3), l'annulaire (4) et le petit doigt (5) enchaînent alors les notes fa, mi, ré et do.
Exercez-vous afin de vous accoutumer à l'enchaînement des doigts avec la main gauche.

Exercice 2.3

Si vous vous en sentez le courage, effectuez les exercices de reconnaissance sonore 2.1 et 2.2 concernant la gamme de do, de do 2 à do 3, sur la portée de clé de fa. Vous pouvez aussi effectuer ces exercices un peu plus tard, leur maîtrise n'étant pas essentielle pour aborder le chapitre qui suit, consacré aux rythmes.

3
LES RYTHMES

Le rythme est un langage instinctif.
Lorsque nous entendons un morceau quelconque, nous captons naturellement sa pulsation. Vous pouvez l'expérimenter aisément. Écoutez n'importe quel morceau et tentez de marquer le rythme en tapant dans les mains ou en frappant une surface. Très vite, un modèle se dessine. Si vous écoutez attentivement votre façon de ponctuer le rythme, vous remarquerez la présence de temps forts et de temps faibles. La tendance naturelle consiste à marquer le premier temps et à faire sonner un peu moins fort les autres.
Les notes se répartissent selon un modèle rythmique clair, quel que soit le morceau. Au-dessus de ce canevas, nous allons trouver des notes courtes, des notes longues et aussi des absences de notes…

1 - La durée des notes

Le solfège intègre deux langages en parallèle : celui de la hauteur des notes (que nous avons entrevu en étudiant la gamme de do) et celui de la rythmique. La hauteur des notes apparaît clairement sur la portée (la note est plus ou moins haute). La durée, en revanche, est indiquée par l'apparence de la note : noire, blanche, ronde…
Avant d'entrer dans le détail, considérons un autre système de représentation. Vers la fin du XIXe siècle, de nombreux musiciens de rues actionnaient à la manivelle un drôle d'instrument appelé l'orgue de Barbarie. Les notes figuraient sur une bande de carton perforée que l'officiant faisait avancer en tournant la manivelle.
Les logiciels musicaux se sont inspirés du carton perforé de l'orgue de Barbarie et font apparaître les notes jouées par le musicien sur un

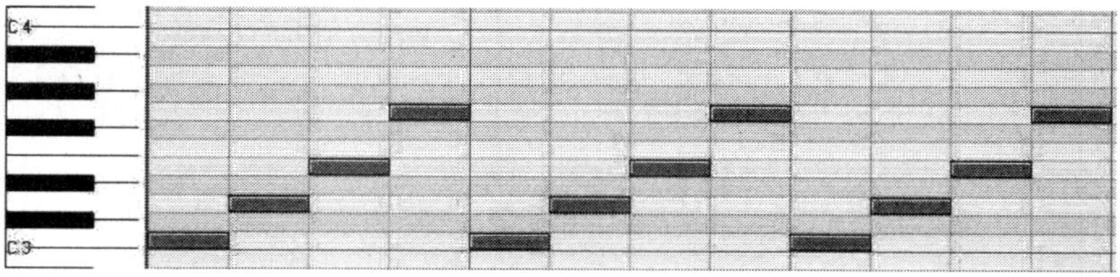

Piano Roll (littéralement : rouleau de piano). Dans l'exemple ci-dessus, nous avons trois mesures de quatre temps, et quatre notes de longueur égale dans chacune d'elles : do, ré, mi, sol.

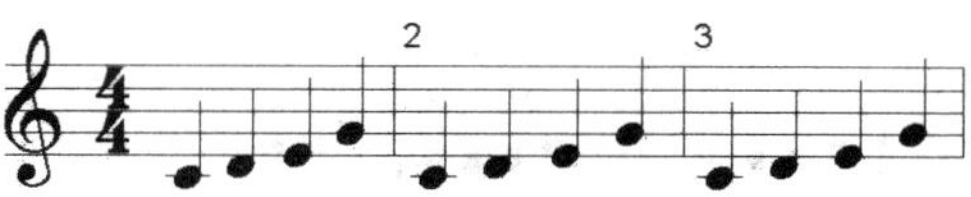

Si nous utilisons le solfège pour représenter ces mêmes notes, l'apparence est la suivante. Le type de note utilisé ici est une **noire**, et celle-ci dure 1/4 de mesure.

Signalons en passant que l'indication $\frac{4}{4}$ qui apparaît au début de la portée indique que l'unité de mesure est égale à quatre fois $\frac{1}{4}$ de mesure, soit quatre noires.

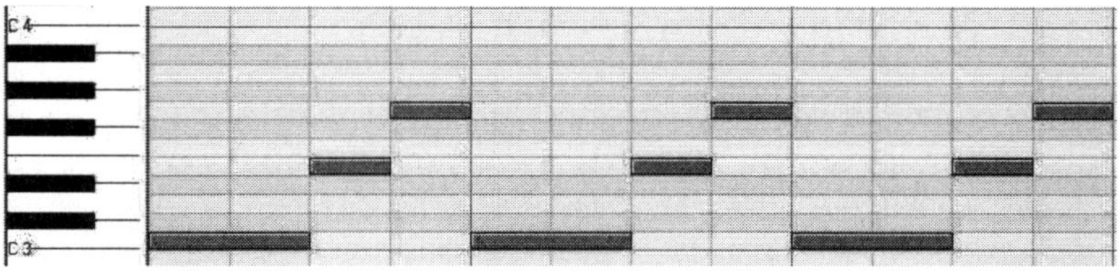

Considérons à présent le cas où la première note de chaque mesure, le do, dure deux temps. Sur le mode *Piano Roll*, la différence de longueur de la note saute aux yeux.

En notation de solfège, pour obtenir le même résultat, il faut représenter le do sous la forme d'une note **blanche**. La blanche vaut le double d'une noire. Le musicien doit donc « tenir » la note durant deux temps. Si nous comptons 1 2 3 4 sur chaque mesure, le do est joué sur le temps 1, prolongé jusqu'au 2, le mi tombe sur le temps 3 et le sol sur le 4.

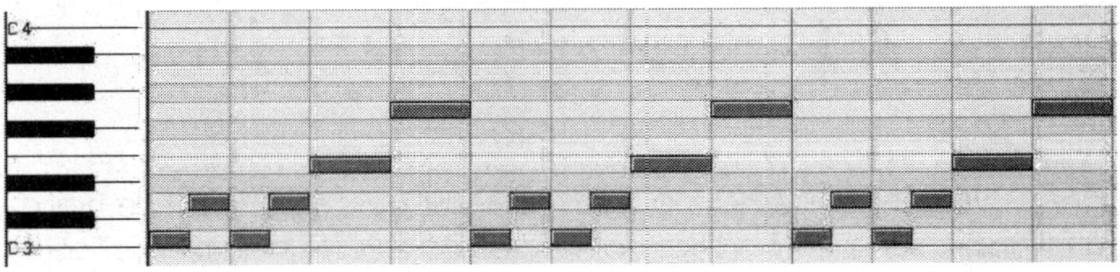

À présent, le mode *Piano Roll* fait apparaître les notes do et ré sur une durée deux fois plus petite qu'une noire, une différence qui est, là encore, évidente sous ce mode.

En mode solfège, la note qui dure la moitié d'une noire est une croche. Pour distinguer les croches des noires, un début d'accolade est placé sur la hampe comme dans la première mesure. Les croches peuvent également être liées par une barre comme dans la 2e et la 3e mesure. De fait, ces trois représentations correspondent à un jeu identique. Dans chacune des trois mesures de la portée ci-dessus, il faut jouer/chanter deux notes consécutives (do et ré) sur le temps 1 et aussi sur le temps 2. Nous verrons plus bas une méthode simplifiant le déchiffrage de telles durées.

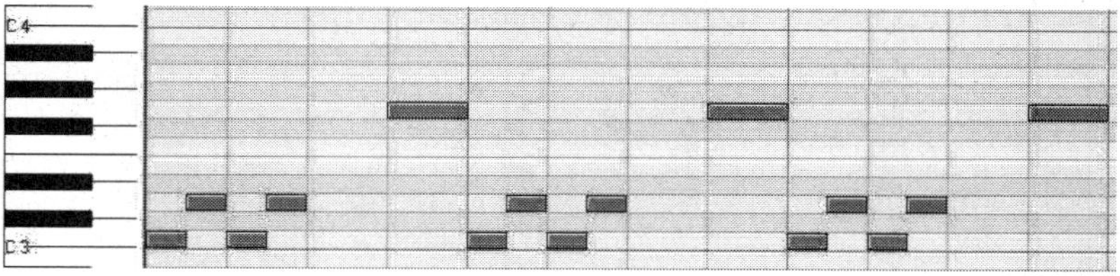

Autre cas de figure, nous avons ici un silence sur le 3e temps. Aucune note n'est jouée sur ce battement.

Sur la notation solfège, c'est un signe, celui que nous voyons ci-dessus, qui est utilisé pour indiquer un silence d'une durée égale à une noire. D'autres figures servent à symboliser les silences plus ou moins longs. Résumons-nous. La portée indique les notes à chanter mais aussi leur durée respective. Certaines vont être longues, d'autres courtes, certaines vont s'enchaîner les unes derrière les autres, d'autres vont traîner. Et puis, parfois il faudra marquer un silence plus ou moins long. Nous obtenons ainsi la rythmique du morceau.
Venons-en au meilleur :

La détection des rythmes est la partie la plus simple du solfège.

Quelle que soit la partition, même la plus complexe, après un certain entraînement vous devriez pouvoir lire le rythme des notes.
Sur les partitions de niveau débutant, le repérage du rythme est particulièrement aisé.
La première étape, lors du déchiffrage d'une partition (la méthode est exposée au chapitre 7), consistera à lire les rythmes selon la technique exposée plus bas dans ce chapitre. Cette étape précède donc la lecture des notes elles-mêmes.

2 - APPRENTISSAGE DES RYTHMES $\frac{4}{4}$

La méthode la plus simple pour lire les rythmes consiste à utiliser les chiffres repérant les temps d'une mesure. Nous allons d'abord nous cantonner à des mesures en $\frac{4}{4}$, la forme la plus répandue de toutes.

L'exemple ci-dessus est facile à rythmer, il suffit de compter **1** 2 3 4, 1 2 3 4, 1 2 3 4… (Comme nous l'avons vu plus haut, il est d'usage de ponctuer le premier temps).

Si nous n'avons que des **blanches**, comme dans le cas ci-dessus, il faut alors uniquement compter les temps 1 et 3 de chaque mesure. Mais il faut également prolonger chaque note jusqu'au temps suivant. Cela nous donne :

sur les temps 1 et 2 : **1**-1 (le « un » est prolongé),
sur les temps 3 et 4 : **3**-a (le « trois » est prolongé),

Autre cas de figure, la ronde dure l'équivalent de 4 noires, donc une mesure entière de $\frac{4}{4}$. Elle se distingue de la blanche par le fait qu'elle ne comporte pas de hampe et que le rond est plus prononcé. Dans ce cas de figure, il faut prolonger le 1 sur les 4 temps : **1**-1-1-1.

Dans le cas d'une croche, qui dure la moitié d'une noire, la façon de compter sera la suivante : '1 et "2 et "3 et "4 et', '1 et "2 et "3 et "4 et', '1 et'... La note qui marque le temps tombe sur le chiffre et la suivante sur le « et ».

Une **double-croche** dure la moitié d'une croche. Deux barres parallèles sont placées en transversale des notes, ou bien une double en début d'accolade, comme au début de la deuxième mesure. Pour indiquer le rythme, nous dirions : '1 et aussi "2 et aussi "3 et aussi "4 et aussi', '1 et aussi "2 et aussi "3 et aussi "4 et aussi', etc.

Nous avons là les 5 figures principales, c'est-à-dire (de la plus grande à la plus petite) :

la **ronde** qui vaut quatre noires,
la **blanche** qui vaut deux noires,
la **noire**, unité de temps de la mesure $\frac{4}{4}$,
la **croche** qui vaut une demi-noire,
la **double-croche** qui vaut un quart de noire.

Sur les exemples exposés plus haut, il est aisé d'énoncer les rythmes. Mais, bien souvent, une partition sera composée d'une combinaison de ces diverses figures.

Prenons l'exemple ci-dessus. Il faudrait l'énoncer ainsi :

mesures 1 à 3 : 1-1-1-1, 1-1 3 4, 1'2 et'3-a,
mesures 4 à 6 : 1-1'3 et aussi'4, 1-1'3 et aussi''4 et', 1 2 3 4,
mesures 7 à 9 : 1'2 et'3-a, '1 et aussi'2'3 et'4, 1-1-1-1.

Place aux exercices afin de vous amener à maîtriser ces rythmes de base !

Exercice 3.1

Prenez une partition vierge (voir le site Web **www.librio.net**), ou bien une feuille blanche sur laquelle vous tracerez des portées divisées en mesures $\frac{4}{4}$. Placez des figures de notes de diverses durées en veillant à ce que chaque mesure comporte l'équivalent de quatre noires et pas plus.
Énoncez alors les rythmes en suivant la technique indiquée ici.
Au fur et à mesure de vos progrès, tâchez d'enchaîner les mesures tout en les lisant. Vous pouvez vous aider d'un métronome qui fonctionnera d'abord très lentement, et marquera chaque temps (l'équivalent d'une noire).

3 - LES SILENCES

Sur certaines mesures, le compositeur place des silences, afin que certaines notes soient davantage mises en valeur. Les cinq principales figures de notes ont chacune leur équivalent en silence.

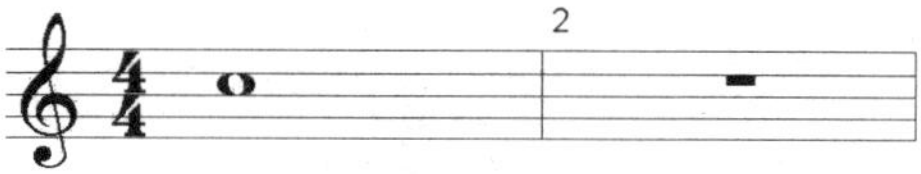

La **pause** est un silence qui dure pendant toute une mesure, soit l'équivalent d'une ronde.

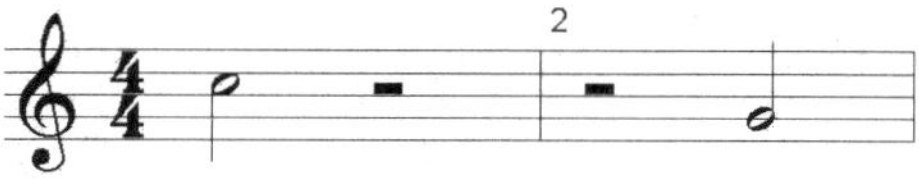

La **demi-pause** dure deux temps, soit l'équivalent d'une blanche. Pour la marquer, il faut compter en silence les temps correspondant. Par exemple ici : 1-1 _ _, _ _ 3-a, chaque trait souligné correspondant à un silence.

Le **soupir** dure un temps, et donc autant qu'une noire. L'exemple ci-dessus serait compté 1 _ 3 _.

Le **demi-soupir** ressemble à un 7 et sa durée est celle d'une croche. Dans cet exemple, la note qui tombe sur le temps doit être raccourcie afin de ne durer qu'un demi-temps : '1 _' '2 _' '3 _' '4 _', etc.

Le **quart de soupir** est équivalent à une demi-croche. La portée ci-dessus serait lue ainsi : 'I _ aus _' 'I _ _ _' 'I et _ _''I _ aus _'.
Adaptons la petite partition de 9 mesures présentée plus haut en introduisant des silences.

Une telle partition serait énoncée ainsi :

mesures 1 à 3 : _ _ _ _, 1-1 3 _, 1'2 _' 3-a,
mesures 4 à 6 : 1-1'3 _ aussi'4, 1-1'3 et aussi''4 _, 1 _ 3 _,
mesures 7 à 9 : 1'2 et'_ _, '1 et aussi'2'3 _4, 1-1-1-1.

Exercice 3.2

Sur une partition vierge avec une indication de mesure $\frac{4}{4}$, placez des figures de notes et silences de diverses durées en veillant à ce que chaque mesure comporte l'équivalent de quatre noires et pas plus.
Énoncez alors les rythmes et silences (en comptant ces derniers silencieusement ou en disant « hm » pour les marquer).
Là encore, tâchez progressivement d'enchaîner les mesures tout en les lisant.

4 - PROLONGATIONS

Une note peut s'étendre au-delà des cinq types de durées indiquées plus haut. Deux méthodes sont utilisées pour noter de telles prolongations. Une fois de plus, l'affichage *Piano Roll* (imitant les cartes perforées des orgues de Barbarie) va aider à bien comprendre ce concept.

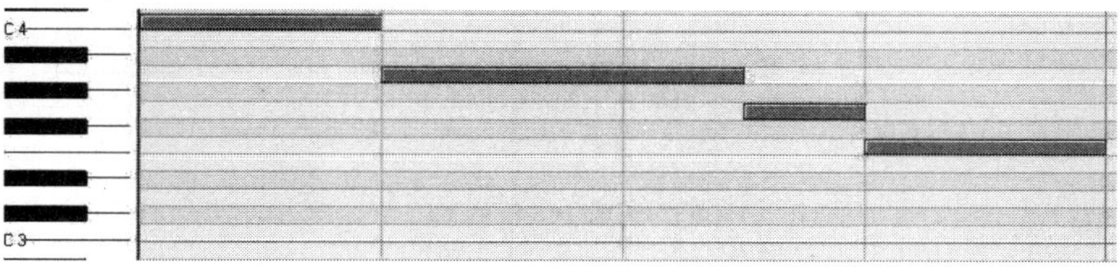

Premier cas de figure, la noire qui démarre au deuxième temps dure pendant un temps et demi.

En notation de solfège, la note ainsi prolongée de la moitié de sa durée est représentée avec un point sur sa droite. Nous lirions cette mesure ainsi : 1 2'-eu et '4. La noire indiquée sur le temps 2 est prolongée jusqu'au troisième temps, et dure alors un demi-temps. Le sol tombe sur le demi-temps qui précède le 4e temps.

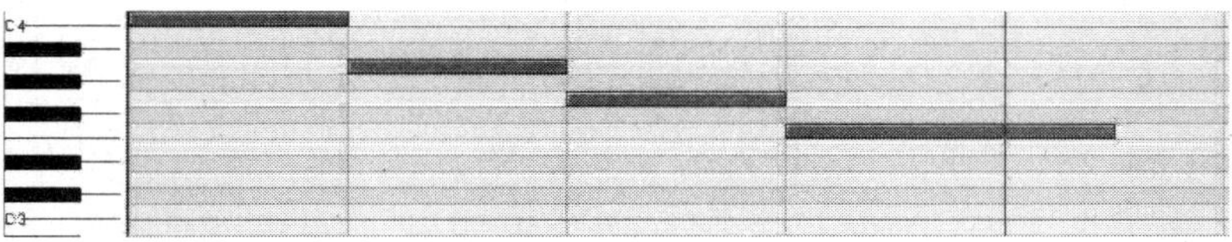

Autre cas de figure, une note se prolonge sur la mesure suivante, telle la quatrième note que nous apercevons ici, une noire là encore prolongée d'un demi-temps supplémentaire.

En général, c'est la représentation ci-dessus qui est alors utilisée : une **liaison de prolongation** entre la note de fin de mesure et la note qui démarre sur la mesure suivante (une croche dans le cas présent). Ici nous lirions : 1 2 3 4, -atre.

La liaison de prolongation peut être utilisée pour tout type de prolongation d'une note au-delà de sa durée normale. Ainsi, dans ce cas de figure, la noire est prolongée de deux temps sur la mesure suivante.

Exercice 3.3

Sur une partition vierge avec indication de mesure $\frac{4}{4}$, placez des notes incluant quelques notes pointées et prolongées. Énoncez alors les rythmes.

5 - CONTRETEMPS

Sur les exemples étudiés jusqu'à présent, nous avons fait en sorte qu'une note tombe sur chaque temps. Toutefois, certaines musiques, notamment le jazz, affectionnent les contretemps, c'est-à-dire avec des notes qui tombent ailleurs que sur le temps.

L'exemple ci-dessus serait lu : 1 2'_ et '4, 1 2'_ et aussi '4. Dans les deux cas de figure, le troisième temps correspond à un silence. Ces partitions sont un peu plus difficiles à déchiffrer au tout début, mais avec un peu d'entraînement la lecture de ces rythmes deviendra familière.

Exercice 3.4

Exercez-vous à écrire quelques mesures comportant des contre-temps et à les énoncer.

6 - TRIOLETS

Parfois, le chiffre 3 est indiqué au-dessus de trois notes reliées par une barre de croche. Cette mention indique alors un triolet : trois notes de durées égales se partagent le temps d'une noire. Voici comment nous énoncerions l'exemple ci-dessus : 1'2 et puis '3 '4 et puis', 1. Utilisez de préférence un métronome pour vous habituer à caler les triolets sur les temps de la mesure.

Exercice 3.5

Sur une partition vierge avec indication de mesure $\frac{4}{4}$, placez des séries de notes incluant quelques triolets puis énoncez les rythmes.

7 - APPRENTISSAGE DES RYTHMES $\frac{2}{4}$

Une fois que les éléments énoncés précédemment ont été maîtrisés, la lecture d'une partition en $\frac{2}{4}$ coule de source. Il suffit de savoir qu'un tel morceau fonctionne sur la base de deux temps par mesure (deux fois $\frac{1}{4}$ de mesure, soit une noire ou encore une blanche).

Ainsi, le déchiffrage des rythmes d'une partition telle que celle-ci ne devrait vous poser aucun souci.

Exercice 3.6

Placez des notes sur des portées en $\frac{2}{4}$ puis lisez-les.

8 - APPRENTISSAGE DES RYTHMES $\frac{3}{4}$

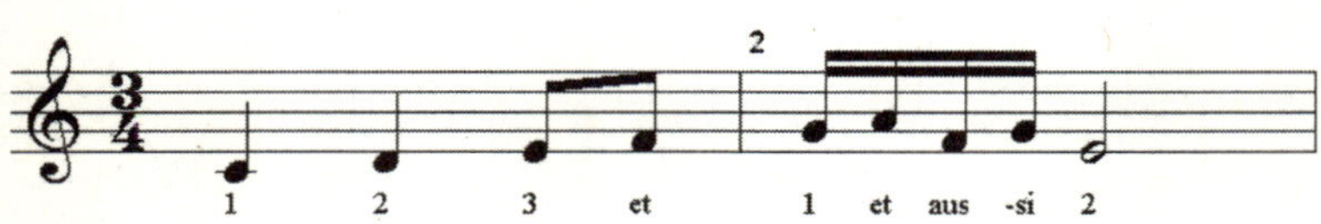

La lecture des rythmes d'une portée en $\frac{3}{4}$ suit un principe similaire.

Ici, chaque mesure dure 3 noires et la base rythmique est donc 1 2 3, 1 2 3, 1 2 3… Les diverses figures que nous avons abordées viennent donc se loger de manière prévisible dans ce canevas.

Exercice 3.7

Placez des notes, des silences et des prolongations sur des portées en $\frac{3}{4}$ puis lisez-les.

9 - LE PREMIER NIVEAU DE LECTURE

Comme vous pourrez le constater rapidement, il est possible de lire la rythmique de nombreuses partitions en énonçant ainsi les temps. Telle sera donc la première étape de déchiffrage du solfège pour les morceaux que vous étudierez. Toutefois, au bout d'un moment, vous sauterez spontanément cette étape car la lecture deviendra automatique, dans de nombreux cas de figure.
Une fois que les rythmes sont en place, il ne reste plus qu'à remplacer les chiffres par les noms des notes. Le chapitre suivant va exercer l'œil à identifier qui est qui sur la portée.

4
LECTURE DES NOTES

Une part non négligeable du déchiffrage d'une partition consiste à habituer l'œil à reconnaître qui est qui... Les notes (principales) ne sont que sept au total, mais elles ont tendance à se répartir sur la portée partout où elles trouvent de la place...

Prenons les occurrences du do, du do1 jusqu'au do 5. Sur le clavier d'un piano, la position de cette note est toujours la même : à gauche de chaque ensemble de deux touches noires. Et comme il est voisin d'une touche blanche, il est réellement facile de le repérer.

Une fois sur la portée, ces mêmes notes sont réparties d'une façon bien moins prévisible. Le do 1 est situé sous la portée en clé de fa, le do 2 sur la deuxième rangée en partant du bas, le do 3 est visible au-dessus de la portée en fa mais aussi en dessous de celle en clé de sol, etc.

Il va pourtant falloir s'exercer à mémoriser de tels symboles et, pour ce faire, nous proposons ici une série d'exercices. L'avantage de ceux-ci, c'est que vous pouvez les pratiquer dès que vous avez un moment de libre. Il suffit de disposer de quelques feuilles de brouillon (idéalement, des pages de portées, telles que la partition vide présente sur le site Web associé à ce livre).
La mémorisation des notes demande beaucoup d'exercice, mais pas plus qu'il n'en a fallu pour apprendre l'alphabet, les panneaux du code de la route et autres systèmes de signes. Et l'important est de garder à l'esprit le but. Tout comme la maîtrise de l'alphabet a permis de lire Tolkien ou Paul Auster, celle du solfège signifie que vous pourrez tôt ou tard jouer des partitions de Keith Jarrett, Mozart ou Phil Collins, selon le style apprécié. Le plaisir est tel que le jeu en vaut la chandelle.

1 - LE JEU

Puisqu'il faut apprendre à mémoriser la position des notes sur les deux portées, en clé de sol et en clé de fa, autorisons-nous une certaine mise en scène.
Entre le do 1 et le do 5 figurent vingt-neuf notes. Nous imaginons ici que ces notes ont jadis été soumises à une compétition et qu'elles ont chacune plus ou moins réussi les diverses épreuves qui leur étaient proposées.
L'objet du concours, c'était d'obtenir les meilleures places sur la portée. Celles-ci étaient les suivantes.

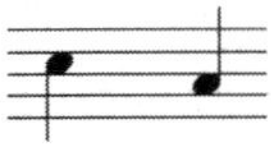

Le top, c'était d'arriver à se placer entre deux lignes, à l'intérieur d'une portée, de loin la position la plus confortable.

À défaut, la place convoitée est à cheval sur une ligne, à l'extérieur d'une portée. Pas de doute, c'est à l'extérieur, mais c'est une position où l'on se fait remarquer, grâce à la ligne horizontale qui est tracée en travers de la note et lui donne une allure de soucoupe volante.

En troisième position se trouvent les notes placées à cheval sur une ligne (ce qui est nettement moins agréable comme position) à l'intérieur d'une portée. Accordons une mention spéciale ici au sol et au fa qui ont chacun gagné des repères sur leurs clés respectives.

La position la moins enviable, c'est à l'extérieur de la portée, entre deux lignes. Un peu comme si l'on avait dû ajouter des chaises à la table pour ces invités arrivés en dernière minute et que l'on a casés tant bien que mal…
En vertu d'une telle classification (totalement arbitraire), nous allons apprendre à identifier les notes en allant de la mieux lotie à la plus défavorisée…

2 - LE DO : PISTONNÉ !

À partir d'une telle classification, il apparaît bien vite que le do s'en est bien mieux sorti que les autres notes… Il n'a récolté que de bonnes places ! Nul ne sait comment il a réussi à se positionner aussi bien, mais il a franchement des allures de privilégié.
Le do bénéficie même d'une situation unique que l'on ne retrouve pas avec les autres notes : il existe une symétrie parfaite entre ses positions sur la portée en clé de sol et celles sur la portée en clé de fa.

Exercice 4.1

Prenez une feuille vierge disposant de portées (ou une feuille de papier blanche sur laquelle vous tracez des portées en clé de sol et en clé de fa). Indiquez une mesure de $\frac{4}{4}$. Exercez-vous ensuite à couvrir cette feuille de variantes du do (en plaçant quatre noires par mesure) jusqu'à ce que les positions de cette note vous deviennent totalement familières.
Le test : vous devez pouvoir repérer instantanément les do sur une partition !
Vous pouvez aussi placer d'autres figures que la noire dans les portées, par exemple une ronde, deux blanches, huit croches. Mais pour l'instant concentrez-vous avant tout sur le repérage de la hauteur des notes.

3 - LE MI : BON DEUXIÈME !

Le mi ne s'en sort pas mal, même s'il est loin d'afficher un score aussi épatant que le do :

Le mi 1 se place à cheval sur une ligne sous la portée en clé de fa.
Le mi 2 se place entre deux lignes, au-dessus du do 2.
Le mi 3 fait légèrement baisser la note globale puisqu'il se retrouve à cheval sur une ligne dans la portée.
Le mi 4 bénéficie comme le mi 2 d'une place hyperconfortable, au-dessus du do 4.

Sur certaines partitions, le mi 3 apparaît sur la clé de fa (il est alors joué par la main gauche). Nous ne nous attarderons pas ici sur ces positions car vous apprendrez rapidement à les repérer une fois les quatre positions évoquées plus haut assimilées.

Exercice 4.2

À nouveau, noircissez des pages de partition avec les diverses positions de do et de mi ! Faites ceci jusqu'à ce que les positions de ces notes ne vous posent plus aucun souci.
Notons que l'idéal, pour une telle pratique, consiste à acquérir un feutre dont la pointe est suffisamment grosse pour qu'il soit possible de tracer des notes d'un seul jet.

Exercice 4.3

Notez bien les sons émis par le do 3 et le mi 3 sur le piano. À présent, chaque fois que vous tracez un do et un mi, chantez ces notes.
Il est difficile pour la plupart des voix de chanter sur une étendue aussi large que celle qui va du do 1 au do 5. Vous pouvez donc vous contenter de chanter l'intervalle do 3 mi 3, l'octave immédiatement supérieure (do 4 mi 4) et, si vous y parvenez, celle immédiatement inférieure (do 2 mi 2). Mais l'essentiel est d'habituer l'oreille à l'intervalle do mi et de renforcer ainsi l'acquis du chapitre 3.
Au fur et à mesure de vos progrès dans cet exercice, variez la succession des notes (plusieurs do à la suite suivis de plusieurs mi, etc.) et leurs durées.

Exercice 4.4

Prenez l'une des partitions que vous avez vous-même rédigées lors de l'exercice 4.3 et jouez-la (lentement mais sûrement) sur votre clavier !

4 - LE LA : DEUXIÈME EX-ÆQUO

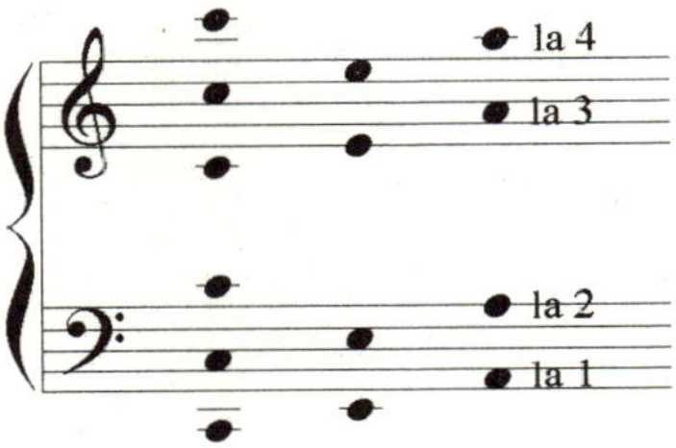

Lorsque l'on examine les positions du la, il ressort qu'il obtient exactement le même score que le mi :

Le la 1 se place entre deux lignes de la portée en clé de fa, au-dessous du do 2.
Le la 2 fait baisser le score en se logeant à cheval sur une ligne de la portée.
Le la 3 bénéficie d'une place confortable, au-dessous du do 4.
Le la 4 obtient une place à cheval hors de la portée, position prisée parce que voyante (notons qu'avec le do 1, le mi 1, le do 3, le la 4 et le do 5, nous avons distribué toutes les places particulières. Il n'y en a plus à pourvoir !).

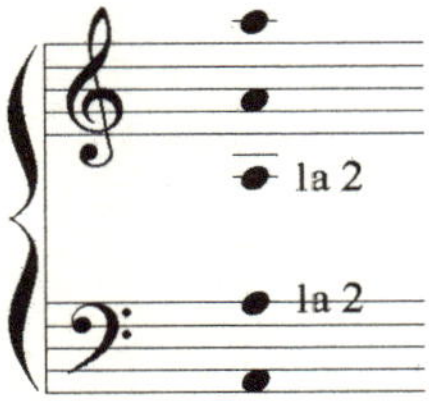

Si le la 2 est joué par la main droite, il vient d'ailleurs se placer sous le do 3 de la clé de sol, à l'inverse du cas de figure évoqué pour le mi 3, plus haut.
Hmm... Si vous observez bien les positions du mi et du la, vous remarquerez une chose : elles sont symétriques l'une par rapport à l'autre.
En clair, si le la se regardait dans une glace, nous aurions alors les positions du mi (et réciproquement).
Tout comme le mi, le la est aisé à repérer une fois que l'on a bien mémorisé les positions du do. Là où le mi vient se placer au-dessus du do, le la vient se placer au-dessous. Pas de doute, ces deux-là ont dû leur bonne place à leur association avec ce sacré do !

Exercice 4.5

Noircissez des pages de do, mi et la sur une base de mesure $\frac{4}{4}$.

Exercice 4.6

Jouez les notes do 3, mi 3 et la 3 sur le piano et mémorisez leurs sonorités. À présent, chantez ces notes tout en écrivant des suites de do, mi et la sur vos portées.

Exercice 4.7

Jouez certaines portées que vous avez rédigées lors de l'exercice 4.6 sur le clavier.

5 - LE SOL : UN BON QUATRIÈME

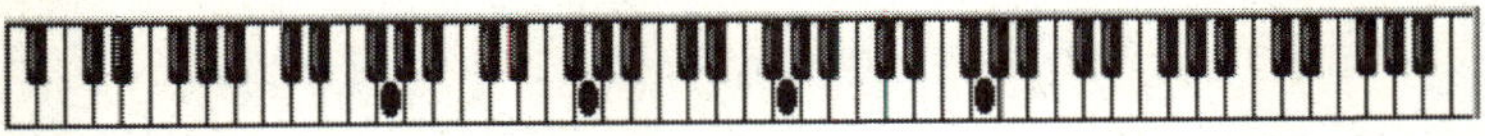

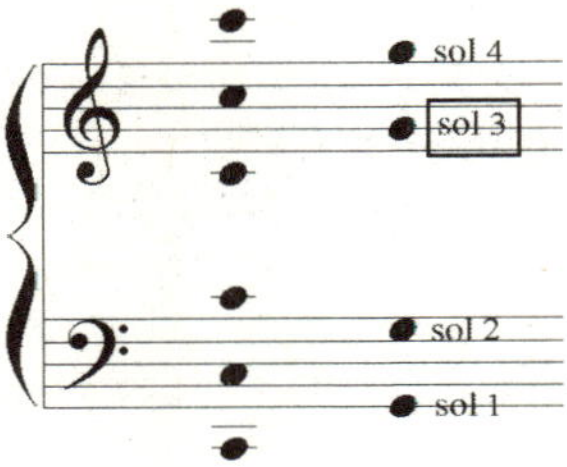

Le sol ne n'en sort pas trop mal, mais il est déjà moins bien loti. Jugeons-en plutôt :

Le sol 1 est à cheval sur une ligne de la portée en clé de fa.
Le sol 2 est la seule bonne place, bien au chaud entre deux lignes.
Le sol 3 compense sa position inconfortable par le fait qu'il est placé sur la ligne de référence de la clé de... sol, évidemment.
Le sol 4 récolte une position peu confortable, au-dessus de la portée.

Dans l'ensemble, c'est tout de même un score honorable. Mais pour ce qui est de la mémorisation des positions, cette note va demander un effort un peu plus grand. Si le sol 3 est facile à repérer du fait de sa position par rapport à la clé, les autres vont demander de nombreux exercices d'écriture avant que l'on s'accoutume à les reconnaître d'un seul coup d'œil. Par conséquent, n'hésitez pas à pratiquer les exercices qui suivent plus longuement que les précédents.

Exercice 4.8

Noircissez des pages de do, mi, la et sol sur des mesures $\frac{4}{4}$.

Exercice 4.9

Repérez les notes do 3, mi 3, sol 3 et la 3 sur le clavier, puis chantez ces notes tout en écrivant des do, mi, sol et la.

Exercice 4.10

Jouez une ou plusieurs des portées écrites en 4.9 sur le clavier. Si un chef-d'œuvre musical naît d'une telle écriture aléatoire, pensez à le protéger !

6 - LE FA : 4e EX-ÆQUO !

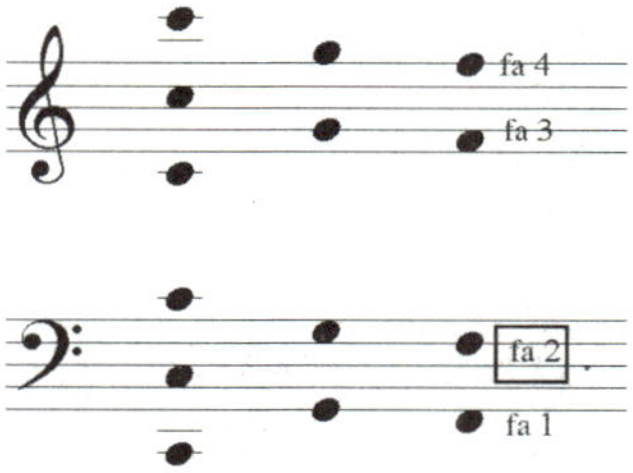

Lorsque l'on examine le fa, nous découvrons une situation similaire à celle du mi et du la : le fa arrive ex-æquo avec le sol. En effet :

Le fa 1, certes, récolte une place peu enviable hors de la portée.
Mais le fa 2, s'il est à cheval sur une ligne, est la note de référence de la portée en clé de fa.
Le fa 3 est confortablement installé entre deux lignes de la portée en clé de sol.
Le fa 4 est à cheval sur une ligne, mais sur la portée.

Nous arrivons donc à une situation rigoureusement identique à celle de la clé de sol. Par ailleurs, nous obtenons une fois de plus l'effet miroir : si chaque fa se regardait dans une glace, il croirait voir un sol !

Exercice 4.11

Noircissez des pages de do, mi, sol, la et fa.

Exercice 4.12

Écoutez bien les notes do 3, mi 3, fa 3, sol 3 et la 3 puis chantez-les tandis que vous écrivez les cinq notes do, mi, fa, sol et la en diverses positions de la portée.

Exercice 4.13

Jouez sur le clavier une ou plusieurs des portées que vous avez écrites en 4.12.

7 - LE RÉ : DÉFAVORISÉ

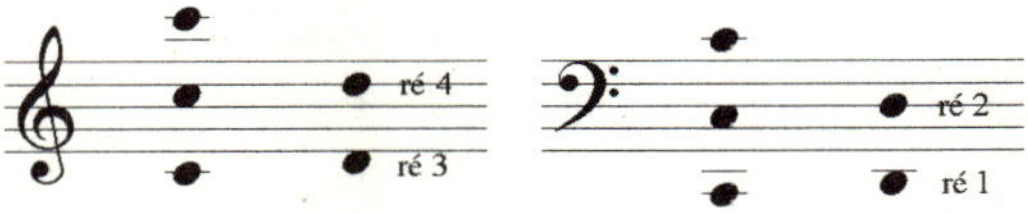

Hmmm... Le ré s'est visiblement mal débrouillé et il n'a récolté aucune position enviable ! Il a donc dû se contenter des quatre places suivantes :

Le ré 1 entre deux lignes sous la portée en clé de fa,
Le ré 2 à cheval sur la ligne du milieu de cette même portée,
Le ré 3 sous la portée en clé de sol,

Le ré à cheval sur l'avant-dernière ligne de cette même portée (en partant du bas).

C'est un piètre tableau pour cette note pourtant si belle à l'oreille. Retenons qu'il est assez facile de mémoriser le ré 2 (de par sa place au milieu de la portée en clé de fa) et aussi le ré 3. Les deux autres positions demanderont juste un petit peu plus de pratique. Mais l'assimilation de ces quatre places du ré est généralement rapide.

Exercice 4.14

Noircissez des pages de do, mi, sol, la, fa et ré.

Exercice 4.15

Écoutez bien les notes do 3, ré 3, mi 3, fa 3, sol 3 et la 3, puis chantez-les tandis que vous inscrivez des séries de do, ré, mi, fa, sol et la en diverses positions de la portée. Remarquez au passage que vous commencez à maîtriser presque toutes les notes blanches.

Exercice 4.16

Jouez sur le clavier une ou plusieurs portées que vous avez écrites en 4.15.

8 - LE SI : COMPAGNON D'INFORTUNE DU RÉ

Vous vous y attendiez probablement : le si est ex-æquo avec le ré. Il récolte exactement le même score et les positions qu'il occupe sont le miroir de celles du ré :

Le si 1 est à cheval sur la deuxième ligne de la portée en clé de fa,
Le si 2 est juste à l'extérieur de cette portée,
Le si 3 est à cheval sur la ligne du milieu de la clé de sol.
Le si 4 est entre deux lignes mais au-dessus de la portée en clé de sol.

Là encore, le si 3 est relativement aisé à mémoriser car il se place juste au milieu de la clé de sol. Les autres positions demanderont davantage de pratique. Alors, c'est reparti...

Exercice 4.17

Noircissez des pages de do, mi, sol, la, fa, ré et si.

Exercice 4.18

Écoutez bien les notes allant de do 3 à si 3 puis chantez-les tandis que vous inscrivez des notes en diverses positions de la portée. Petit à petit, vous en êtes venu à les reconnaître toutes !

5

EXERCICES SUR LA CLÉ DE SOL ET LA CLÉ DE FA

Puisqu'il faut bien commencer quelque part, démarrons avec quelques exercices sur la clé de sol puis d'autres exercices sur la clé de fa. L'objectif visé ici est de s'accoutumer à associer une figure de solfège avec une sonorité.
Dès le chapitre suivant, nous aborderons l'étude d'un morceau mettant à contribution simultanément la clé de sol et la clé de fa.

1 - La flûte à bec

Il existe un instrument extrêmement pratique pour démarrer le jeu en clé de sol : la flûte à bec. Elle a l'avantage d'être très bon marché, facile à apprendre et à transporter ! C'est la raison pour laquelle cet instrument est utilisé dans l'apprentissage de la musique dans de nombreux pays.
Dans ce chapitre, nous allons aborder divers exercices de lecture tout en mettant à contribution une flûte à bec. Si vous n'avez pas un tel instrument à disposition, vous pouvez bien évidemment utiliser votre piano ou clavier (tout en ne jouant alors qu'avec la main droite). Idéalement, il serait bon de pratiquer les exercices en clé de sol qui suivent aussi bien sur une flûte à bec que sur un clavier.
Pour ces exercices, il faut utiliser une flûte à bec « soprano », donnant un do lorsque toutes les ouvertures sont fermées.
La flûte à bec comporte sept trous sur la face avant et un trou sur le dessous. Le bec est posé sur la bouche, la flûte est soutenue par le pouce de la main droite. Il faut souffler doucement à l'intérieur –

un bon exercice consiste à prononcer le mot « doux » tout en ayant ses lèvres sur l'embouchure.
– La main droite sert à soutenir l'instrument mais aussi à boucher les trous les plus éloignés de la bouche.
– La main gauche sert à fermer les trous les plus proches de la bouche.
– Le pouce de la main gauche sert à boucher le trou inférieur.

Exercice 5.1

Nous avons ici la gamme de do inversée (do si la sol fa mi ré do). Pour la jouer sur la flûte, il faut garder constamment le pouce de la main gauche sur l'ouverture inférieure. Puis jouer ainsi :

do aigu	main gauche – majeur sur le 2e orifice
si	main gauche – index sur le 1er orifice
la	main gauche – index, majeur sur 1er / 2e orifices
sol	main gauche – index, majeur, annulaire sur 1er / 2e / 3e orifices
fa	main gauche – index, majeur, annulaire sur 1er / 2e / 3e orifices
	main droite – index, annulaire, petit doigt sur 4e / 6e / 7e orifices
mi	main gauche – index, majeur, annulaire sur 1er / 2e / 3e orifices
	main droite – index, majeur sur 4e / 5e orifices

ré main gauche – index, majeur, annulaire sur 1er / 2e / 3e orifices
main droite – index, majeur, annulaire sur 4e / 5e / 6e orifices
do main gauche – index, majeur, annulaire sur 1er / 2e / 3e orifices
main droite – index, majeur, annulaire sur 4e / 5e / 6e / 7e orifices

Comme vous pouvez le voir en pratiquant cette gamme, seules deux notes sont un peu plus difficiles que les autres : le do aigu et le fa. Pour le reste, en allant du si au do, l'on se contente de boucher de plus en plus d'orifices.
Une fois que vous avez bien maîtrisé cet exercice, pratiquez la gamme « à l'endroit », c'est-à-dire de do à do aigu, puis les deux gammes à la suite (à l'endroit puis à l'envers).

2 - EXERCICES AVEC LA CLÉ DE SOL

Exercice 5.2

L'exercice qui suit permet de pratiquer la plupart des notes de la gamme de do, en clé de sol.

Comme première étape, déchiffrez les rythmes, puis lisez le nom des notes, si possible en les énonçant avec la durée correcte.
Repérez la position des doigts pour ces diverses notes, que ce soit à la flûte ou au piano.
Jouez ensuite cet exercice sur votre instrument.
Nous avons ici trois figures différentes : des blanches comme dans la mesure 1, des noires comme dans la mesure 2, des rondes comme dans la mesure 6. Lorsque vous jouez à la flûte, la durée de ces notes peut aisément être entendue. Si vous les jouez au

piano, veillez à bien maintenir la touche enfoncée durant deux temps pour une blanche et durant quatre temps pour une ronde.

Exercice 5.3

Dans la partition précédente, nous avions évité de placer un fa. Cette fois, nous allons utiliser abondamment cette note ;

Cette partition démarre sur la note ré. Le fa intervient en alternance avec un la. Il peut être bon de bien repérer la position du fa sur la flûte et son alternance avec le la avant d'aborder ce morceau.
Sur la mesure 9, nous avons un ré aigu. Comment l'interprète-t-on à la flûte ? Très simplement :
ré aigu main gauche – majeur sur le 2e orifice / pas de pouce sur l'orifice inférieur
En d'autres termes, la position est la même que pour le do aigu, mais l'orifice inférieur demeure ouvert.

Exercice 5.4

Abordons un morceau plus long, mettant à profit toutes les notes de la gamme.
Si vous avez bien maîtrisé les positions des doigts relatives aux notes sur la flûte, ce morceau ne devrait pas présenter de difficulté particulière. Il en va de même pour l'exécution de ce morceau au piano.
Si vous souhaitez aller plus loin dans l'étude de la flûte, il existe de nombreuses partitions simples destinées à cet instrument.

3 - EXERCICES AVEC LA CLÉ DE FA

Pour les exercices qui suivent, il n'est plus possible de continuer avec la flûte. Nous abordons la clé de fa et, pour ce faire, il est nécessaire d'utiliser un clavier – la flûte à bec ne couvre pas l'étendue de notes correspondante.

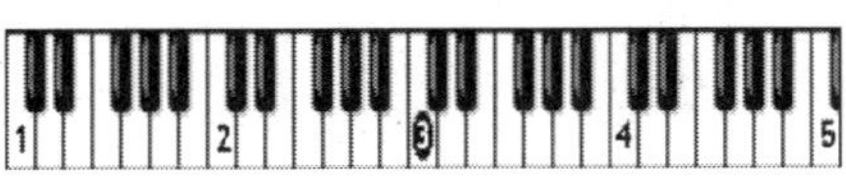

Comme nous l'avons vu précédemment, la clé de fa couvre l'étendue du clavier qui va du do 1 au do 3. Les notes correspondantes sont jouées avec la main gauche.

Exercice 5.5

Cet exercice couvre l'étendue qui va du do 2 au do 3. Les trois premières mesures démarrent sur un do, les mesures 4 et 5 sur un ré. Les trois dernières mesures commencent à nouveau par un do. Dans cet exercice, nous n'avons que des noires (sauf pour la mesure de fin), afin qu'il soit possible de se concentrer sur le déchiffrage des notes.

Il est bon de commencer par lire le nom des notes sur la portée, puis de les jouer.

Exercice 5.6

Dans cet exercice, nous introduisons quelques variations de rythme, mais les notes sont relativement simples à déchiffrer car, la plupart du temps, elles se suivent. Dans la onzième mesure, le petit doigt joue le do 2 et le pouce le do 1.

Exercice 5.7

Dans cet exercice, nous abordons des notes plus graves, situées au-dessous du do 2 : fa 1, sol 1, la 1 et si 1.

Exercice 5.8

Dans ce dernier exercice, nous allons un peu plus loin à deux niveaux : la main gauche joue deux notes simultanées. De plus, à partir de la mesure 5, nous amenons la main droite à jouer une note en même temps que la main droite.
Nous avons dans cet exercice la main gauche qui joue une même séquence sur quatre mesures, répétée quatre fois de suite. La main droite joue une note qui varie au fil des mesures.
Cet exercice est là encore fort simple mais il vous a sans doute donné le goût d'un jeu à deux mains. Le chapitre suivant va vous permettre de mettre à profit tout ce qui a été étudié jusqu'ici…

6

UN PREMIER MORCEAU EN DO MAJEUR

NOTES SUR LA PARTITION

La méthode de travail à suivre pour déchiffrer une telle partition est indiquée dans le chapitre 8.
Danicopédie est un morceau en $\frac{2}{4}$, qui comporte trois parties :

Les mesures 1 à 8 sont une introduction jouée à la main gauche seule,
Les mesures 9 à 64 intègrent le thème principal (9 à 40) et la montée (41 à 64) et sont jouées deux fois,
Les mesures 65 à 73 terminent le morceau.

Ce morceau au tempo lent (96) ne présente aucune difficulté particulière. Les mesures qui pourraient poser un problème sont celles sur le modèle de la 12, comportant un contretemps, mais celui-ci est aisé à gérer.
Il est conseillé d'écouter ce morceau sur la page Web associée à ce livre.

Danicopédie

Tempo : 96

Daniel Ichbiah

7

MÉTHODE DE TRAVAIL

Voici la méthode de travail recommandée pour déchiffrer et apprendre à interpréter au clavier les partitions présentées dans ce livre et, plus généralement, les diverses partitions que vous désireriez apprendre.
Au fur et à mesure de vos progrès, vous en viendrez naturellement à sauter certaines étapes, car la lecture d'une partition deviendra de plus en plus instinctive.

1 - UNE MESURE PLUS PREMIER TEMPS DE LA SUIVANTE

Quelle que soit la partition, la méthode la plus efficace consiste à la découper en petits éléments et à travailler chaque élément jusqu'à la perfection avant d'aborder le suivant.

Toutefois, le découpage idéal consiste à déchiffrer :

Une mesure + 1er temps de la mesure suivante.

Si vous ne déchiffrez qu'une mesure, vous constaterez que les dernières notes semblent demeurer en suspens. Vous n'avez pas l'impression d'avoir joué un ensemble complet de notes. Le premier temps de la mesure suivante constitue un point de pause (temporaire) pour l'oreille et facilite le travail d'un ensemble de notes.
Déchiffrer le premier temps de la mesure suivante présente un autre avantage : il amène à lire et à pratiquer des points cruciaux d'une partition que sont les changements d'accords ou de thèmes mélodiques. Bien souvent, la main gauche va jouer une mesure sur le do, puis la suivante sur le sol, etc. La main droite va peut-être monter d'une octave, etc. En lisant et en jouant le premier temps de la mesure suivante, vous vous exercez à aménager de telles transitions.

2 - LA MÉTHODE

• Lecture des rythmes-clé de fa

En utilisant la technique exposée au chapitre 4 (comptage), lisez le rythme de la clé de fa sur une mesure + 1er temps de la suivante.

Sur une partition en $\frac{2}{4}$, étant donné qu'il y a souvent peu de notes à déchiffrer, vous pouvez au bout d'un moment déchiffrer deux mesures + 1er temps de la suivante.
Si la partie rythmique semble évidente, vous pouvez sauter cette étape. Inversement, si une partie rythmique paraissait trop complexe, il faudrait reprendre les exercices du chapitre 4.

• Lecture des notes-clé de fa

Une fois que les rythmes sont assimilés, posez les noms des notes dessus. Si, par exemple, sur une partition $\frac{4}{4}$, vous avez déchiffré

I '2 et' 3 '4 et', I, lisez les notes de cette suite en respectant ce rythme : do 'ré mi' sol 'mi ré' do.
Si vous ne parvenez pas à lire aisément les notes d'une partie, il est préférable de refaire les exercices du chapitre 5.

Lorsque des notes sont superposées (comme ici mi sol et la do dans les 2e et 4e temps), il faut alors un peu ruser et lire ces notes très rapidement à la suite l'une de l'autre.

• Interpréter la main gauche

Une fois que cette série de notes est bien assimilée, jouez-la avec la main gauche sur le clavier.
La raison pour laquelle il est préférable de d'abord travailler la clé de fa, c'est que celle-ci comporte généralement un motif rythmique ou mélodique que l'on retrouvera d'un bout à l'autre de la partition. Le déchiffrage des mesures ultérieures sera donc facilité (parfois aussi il ne sera pas nécessaire car il arrive souvent que la main gauche répète le même motif sur plusieurs mesures).

• Chanter les notes de la clé de fa

Cette étape est plus importante qu'il n'y paraît. Une fois que vous avez joué la partie étudiée sur le clavier, relisez cette partie en la chantant (en chantant les noms des notes).
Ce qu'il faut, c'est chanter cette partie sans la jouer sur le clavier. Vous renforcez ainsi l'habitude d'associer aux notes leur sonorité. Curieusement, l'interprétation de cette même partie va sembler plus aisée après une telle étape.

• Maîtriser la main gauche

Rejouez la section en clé de fa jusqu'à ce qu'elle sonne de façon parfaite.

• Lecture des rythmes clé de sol

À présent, déchiffrez le rythme de la clé de sol sur le même espace : une mesure + 1er temps de la suivante. Comme nous l'avons vu plus haut, vous serez tenté de sauter cette étape si le rythme semble particulièrement évident.

• Lecture des notes clé de sol

Lisez les notes (en énonçant leurs noms) de cette partie tout en respectant le rythme. Là encore, si vous éprouviez des difficultés à déchiffrer une portée, il serait préférable de pratiquer à nouveau les exercices du chapitre 5.

• Interpréter la main droite

Une fois cette partie déchiffrée au niveau du nom des notes et du rythme, jouez la main droite correspondante sur le piano.

• Chanter les notes clé de sol

Là encore, cette étape est essentielle : lisez cette partie de la partition tout en chantant les notes. À force de pratiquer cet exercice, la simple vision d'une note va susciter l'association de la sonorité correspondante.

• Maîtriser la main droite

Répétez la partie en clé de sol avec la main droite jusqu'à la jouer de manière parfaite.

• Jouer la main gauche et la main droite simultanément

Une fois ces diverses étapes maîtrisées, abordez le jeu des deux mains simultanées.
Surprise. Alors que vous maîtrisez à merveille le jeu de chaque main, leur intervention simultanée est parfois ardue. Travaillez très lentement

au départ puis accoutumez les deux mains à jouer ensemble. S'il le faut, répétez les étapes précédentes puis revenez au travail des deux mains.
Parvenez à une maîtrise complète de l'ensemble une mesure + 1er temps de la suivante. Au bout d'un certain temps, une sensation se déclenche : cela sonne, les notes semblent couler sous les doigts ! Tel est l'objectif à atteindre.

• Aborder la section suivante

Une fois cet ensemble maîtrisé, répétez les mêmes étapes sur le prochain ensemble : une mesure + 1er temps de la suivante.

• Travailler plusieurs mesures

Une fois que vous aurez ainsi déchiffré l'intégralité de la partition, vous pouvez commencer à jouer plusieurs mesures à la suite. Par exemple, deux mesures à la fois, plus la première note de la troisième.
Au début, vous aurez la très désagréable sensation d'avoir perdu une partie de l'acquis. Les séquences que vous aviez appris à maîtriser de façon parfaite échappent à vos doigts une fois que vous enchaînez plusieurs mesures.
N'hésitez pas alors à retravailler chaque bloc de manière séparée, quitte à retravailler chaque main individuelle sur une seule mesure.

• Travailler la partition entière

La dernière étape consiste à jouer la partition entière, une fois que vous avez bien maîtrisé les diverses parties. Jouez le plus lentement possible au début, afin de conserver un contrôle conscient de l'exécution.
Une pratique intéressante à ce niveau peut consister à :
1. Jouer intégralement la main gauche seule,
2. Jouer intégralement la main droite seule,
3. Jouer intégralement les deux mains.
S'astreindre à jouer excessivement lentement est une excellente pratique. Vous le constaterez : la vitesse semble venir d'elle-même et la

tendance naturelle sera bien souvent de vouloir jouer trop vite par rapport au niveau acquis à un moment donné. Il est donc nécessaire de se forcer à ralentir le tempo.
L'ultime étape une fois que vous estimez avoir acquis une maîtrise parfaite du morceau intégral consiste à utiliser le métronome. Réglez-le à un tempo lent et jouez le morceau tout en suivant le battement. Si les doigts semblent s'affoler, ralentissez le tempo. Si nécessaire, retravaillez le morceau sans le métronome.
Une fois que vous parvenez à jouer le morceau à un tempo donné, vous pouvez graduellement augmenter la cadence du métronome, jusqu'à parvenir au tempo souhaité par le compositeur.

3 - DEUX RÈGLES ESSENTIELLES

Travailler ainsi n'est pas forcément plaisant au départ. Mais la félicité surgit assez tôt, car la maîtrise d'un seul ensemble « une mesure + 1er temps de la suivante » joué avec les deux mains procure une grande satisfaction.
La règle essentielle à suivre est donc la suivante :

> Il vaut mieux maîtriser parfaitement une seule section (une mesure + 1 temps) d'une partition que de la jouer imparfaitement en intégralité.

Chaque section qui aura été maîtrisée engendrera l'énergie, le tonus appelant à déchiffrer la section suivante. La satisfaction née du plaisir d'interpréter une toute petite partie avec aisance va naturellement déborder sur les suivantes.
Évidemment, parfois, ce sera plus fort que vous. L'envie de déchiffrer ce qui suit sera trop forte. Vous pouvez vous laisser aller car, de toute façon, une telle étude ne peut qu'améliorer votre aptitude à lire la notation solfège. Mais, si possible, appliquez-vous à bien maîtriser chaque partie, car cette pratique maintient toujours vive l'envie d'aller de l'avant.

L'idéal, surtout lors de vos premiers morceaux, consiste à travailler chaque ensemble mesure + 1 temps aussi longtemps qu'il est nécessaire, des centaines de fois s'il le faut, jusqu'à atteindre un niveau où les doigts semblent se placer d'eux-mêmes sur les touches, où les notes se suivent avec grâce et où le simple fait de jouer la séquence étudiée distille une sensation de plaisir.
Répétez chaque unité inlassablement jusqu'à atteindre une sorte de légèreté, d'insouciance, de professionnalisme sur cet extrait de la partition. Vous installerez ainsi un critère de qualité qui sera précieux.
Au début, il faudra parfois jouer une suite un millier de fois, mais au fil des semaines vous descendrez à des centaines puis à des dizaines.
Toutes ces mesures que vous aurez appris à maîtriser vont constituer les bases d'un édifice solide sur lequel les éléments ultérieurs viendront aisément se poser. Bien évidemment, lors des premiers jours, il faut se préparer à des répétitions – subjectivement – interminables.
Mais le nirvana musical est au bout.
La deuxième règle essentielle concerne la concentration. Si vous la sentez disparaître tandis que vous répétez, c'est que vous jouez un peu trop vite. Efforcez-vous donc de jouer à une vitesse suffisamment lente pour demeurer conscient des notes que vous jouez.

> Chaque fois que vous sentez votre concentration diminuer, ralentissez l'exécution !

Ralentissez jusqu'à ce que vous ayez conscience de jouer chaque note telle qu'elle est indiquée sur la partition.
Ralentissez jusqu'à ce que vous puissiez jouer les notes tout en les suivant de temps à autre sur la partition.
En jouant plus lentement, vous êtes en mesure d'influer sur la grâce appliquée aux notes. Vous vous retrouvez aux commandes du clavier, à même d'appliquer sur la pièce musicale votre sensibilité personnelle.

4 - COMMENT GÉRER LES ERREURS

Inévitablement, lors de l'apprentissage, des erreurs vont se glisser sous vos doigts... Comment les éviter ? Deux solutions s'offrent à vous :

Jouez la séquence qui comporte une erreur le plus lentement possible. Vous découvrirez tôt ou tard un tempo auquel elle peut être exécutée parfaitement. Travaillez alors sur ce tempo ; n'ayez aucune réserve à jouer à la même allure qu'un escargot. Ce qui importe, c'est d'obtenir une maîtrise. Une fois celle-ci acquise, la vitesse viendra naturellement.

Si une certaine erreur persiste à revenir, efforcez-vous de la jouer consciemment. En utilisant une seule main, jouez volontairement la séquence en incluant la fausse note puis la séquence correcte. Alternez ainsi entre les deux séquences aussi longtemps qu'il est nécessaire, jusqu'à sentir que vous pouvez jouer la partie correcte à volonté.

5 - TRAVAILLER AU CASQUE

Lorsque l'on travaille ainsi un morceau, en répétant des centaines de fois les mêmes suites de notes, il faut parfois s'attendre à subir les récriminations de gens vivant sous le même toit. Comprenons-les... Honnêtement, écouter un apprenti musicien rejouer inlassablement le même thème peut être éprouvant pour les nerfs.
Il existe une solution pratique : si possible, procurez-vous un clavier électronique et utilisez un casque. Bonus non négligeable, il devient possible de travailler vos gammes à toute heure !

La pratique de cette méthode paraîtra fastidieuse au début. Mais en la suivant, vous serez surpris de la vitesse avec laquelle vous pouvez apprendre des morceaux entiers. Elle a l'avantage de toujours conserver intacte l'envie de progresser, de déchiffrer toujours plus de partitions afin de les interpréter !
Le solfège ne devient ainsi qu'un simple alphabet ouvrant la porte à d'innombrables trésors consignés dans les partitions.

8
LES DIÈSES ET LES BÉMOLS

Jusqu'à présent, nous n'avons abordé que les touches blanches du clavier. Il est temps d'aborder ces fameuses touches noires, qui ont le don d'apporter à la musique une couleur, une atmosphère, une émotion toute particulière. Les jazzmen les avaient mêmes surnommées « blue notes » (notes bleues)...

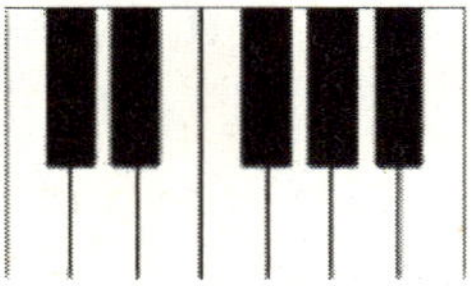

Ces touches noires sont disposées par groupes de cinq au-dessus des touches blanches. Elles ne portent pas d'appellations propres. Pour nommer chacune d'elles, le solfège fait référence aux touches blanches situées immédiatement à gauche ou à droite.

1 - LE DIÈSE

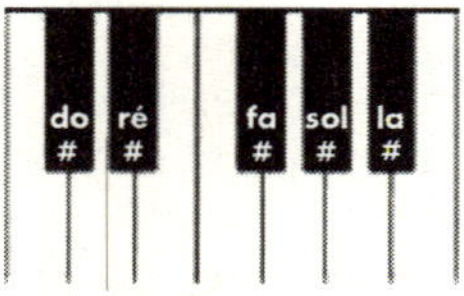

Si l'on fait référence à la note située sur la gauche, il est dit que la note est « diésée ». Le signe # est utilisé pour indiquer ce dièse. Nous obtenons ainsi do #, ré #, fa #, sol #, la #. Il n'existe pas de touches mi # et si #.

Sur la portée, le dièse vient se placer devant la note qu'il altère.

2 - LE BÉMOL

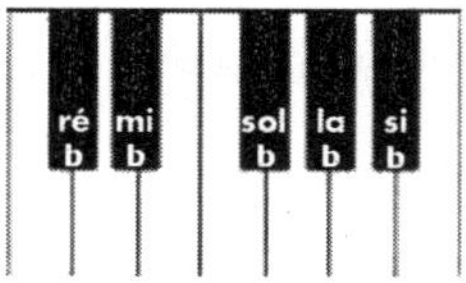

Seulement voilà. Ces mêmes notes noires peuvent porter un nom différent, associé à la note située sur la droite. On parle alors de bémol et le signe utilisé est un b : ré b, mi b, sol b, la b, si b.

Au niveau de la portée, le bémol vient également se placer devant la note qu'il altère. Nous avons ainsi deux façons de représenter ces cinq touches noires : do #/ré b, ré #/mi b, fa #/sol b… Le dièse altère la note vers le haut et le bémol vers le bas.
La question qui vient naturellement à l'esprit est la suivante : mais pourquoi avoir développé deux appellations et deux systèmes d'écriture pour désigner une même touche du clavier ? Il s'avère qu'en réalité les dièses et les bémols ne représentent pas la même note exactement. La nuance est infime mais perceptible par une oreille exercée sur des instruments tels que le violon où la note produite dépend de l'emplacement précis de l'archet sur la corde. Le piano et les instruments de la même famille sont ce que l'on appelle des

« claviers tempérés », ce qui signifie qu'ils sont accordés de façon que le dièse et le bémol produisent la même note exactement.

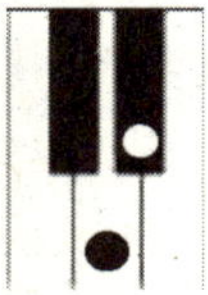

Oui, mais alors pourquoi le compositeur indiquerait-il un dièse plutôt qu'un bémol sur la portée ? Pour des raisons pratiques, en premier lieu. Ainsi, s'il faut jouer simultanément les deux notes ci-dessus, nous avons certes deux possibilités d'écriture : ré et ré # ou bien ré et mi b.

Dans la pratique, nous ne pouvons superposer sur la portée que le ré et le mi b et ce serait donc cette forme qui serait choisie. Il existe d'autres raisons pour lesquelles un compositeur choisit les dièses plutôt que les bémols (et inversement), et elles seront abordées au chapitre 10.

3 - La gamme chromatique

Dans le chapitre 3, nous avons abordé la gamme de do majeur, et celle-ci concernait uniquement les touches blanches du clavier. Elle est appelée gamme chromatique et comporte huit notes.
La gamme complète, incluant les notes altérées (dièses ou bémols), est chromatique, composée de treize notes. Elle est répartie sur autant de touches du clavier (huit touches blanches et cinq touches noires).

Si nous utilisons uniquement les dièses pour la représenter, elle prend la forme exposée ci-dessus.

Exercice 7.1

Jouez la gamme chromatique de do tout en énonçant les dièses avant de les jouer.

Exercice 7.2

Sur une partition vierge, inscrivez des notes de la gamme chromatique de do, en incluant quelques dièses. Nommez les notes en question. Utilisez la clé de fa comme la clé de sol.

Si, en revanche, nous utilisons les bémols, il faut utiliser un signe particulier pour représenter la note non altérée (par exemple le ré qui suit le ré b). Ce signe (♮) est intitulé le bécarre. Il annule l'effet d'une altération.

Exercice 7.3

Jouez la gamme chromatique de do, en énonçant les bémols avant de les jouer.

Exercice 7.4

Sur une partition vierge, inscrivez des notes de la gamme chromatique de do, en incluant quelques bémols. Nommez les notes en question. Inscrivez les notes sur la clé de fa comme sur la clé de sol.

4 - Le rôle du bécarre

De telles gammes ne sont pas faciles à lire. Heureusement, sur les partitions pour débutants, vous ne rencontrerez que peu de dièses, bémols et bécarres. Il existe toutefois une règle à connaître.

Lorsqu'une altération est placée sur une note, elle est valable jusqu'à la fin de la mesure, à moins qu'elle ne soit précédée d'un bécarre.

Ainsi, dans l'exemple ci-dessus, nous avons un la # suivi d'un deuxième la #. Le troisième, en revanche, est un la non altéré, du fait de la présence du bécarre juste avant la note.

5 - Lecture des notes altérées

Nous en arrivons à l'un des points de ce guide qui fera le plus dresser les cheveux des musicologues. Comment faire pour lire les notes altérées de manière aisée ? Nous vous proposons une méthode ici, qui s'écarte totalement des sentiers battus, mais a l'avantage d'être efficace.

Prenons les deux mesures ci-dessus (la même mélodie écrite d'abord avec des bémols puis avec des dièses). En utilisant la méthode de déchiffrage décrite au chapitre 7, lorsque vous arrivez à l'étape de lecture du nom des notes, vous vous trouvez face à un problème. Il n'est pas facile d'énoncer en rythme la suite do, ré #, sol #, sol. Et encore moins facile de lire do, mi b, la b, sol. Trois syllabes à prononcer pour lire le nom d'une seule note, cela fait beaucoup.

Comment faire pour n'énoncer qu'une seule syllabe lorsque vous lisez une note altérée ? La solution proposée ici consiste à utiliser le son « u » pour toute note diésée (car située au-dessus de la note altérée) et le son « ou » pour toute note associée à un bémol (car située au-dessous de la note altérée).

Dans l'exemple ci-contre, nous obtenons :

do, ru, sul, sol puis do, mou, lou, sol

La gamme chromatique avec les notes diésées sera donc lue ainsi : do, du, ré, ru, mi, fa, fu, sol, sul, la, lu, si, do.

Avec des notes affectées par un bémol, elle sera lue : do, rou, ré, mou, mi, fa, soul, sol, lou, la, sou, si, do.

Exercice 7.5

Sur une partition vierge, inscrivez des notes de la gamme chromatique de do, en incluant divers dièses et bémols. Nommez les notes en question en utilisant la technique proposée ici.

Peu importe si une telle approche brise totalement les conventions écrites en matière de solfège. Il demeure qu'elle facilite notablement le déchiffrage d'une partition en permettant de nommer chaque note d'une seule syllabe. Vous constaterez aussi qu'elle est fort pratique pour repérer les notes sur le clavier, une fois passée l'étape de lecture du nom des notes. Et pour en avoir le cœur net, le mieux est de passer à l'étude d'un morceau...

9

UN MORCEAU AVEC NOTES ALTÉRÉES

NOTES SUR LA PARTITION

La méthode de travail à suivre pour déchiffrer une telle partition est indiquée dans le chapitre 7. Pour lire les dièses et les bémols, utilisez la technique exposée au chapitre 8.

Danic Boogie est un morceau en 4 temps, qui repose sur une main gauche typique des boogies. Celle-ci s'articule autour de trois accords : do (C), fa (F) et sol (G). Seules quatre notes sont altérées : le la qui est diésé sur la première mesure et aussi affecté par un bémol sur la mesure 11, le fa de la 3e mesure, le do de la 9e mesure.

Comme vous avez dû le remarquer, nous n'indiquons pas de doigté conseillé sur ces premières partitions. Vous pouvez ainsi vous concentrer sur le déchiffrage. Les doigts vont bien souvent trouver naturellement leur position lorsque vous travaillez un tel morceau en suivant la méthode indiquée au chapitre 8.

Certaines mesures comportent une note pointée suivie d'un demi-temps. Si vous avez bien maîtrisé les exercices du chapitre 4, leur déchiffrage rythmique ne devrait pas poser de problème.

Vous pouvez écouter ce morceau sur la page Web associée à ce livre avant de l'interpréter.

Danic Boogie

Noire = 120

10

LES AUTRES GAMMES

Ça se corse… Jusqu'à présent, nous avons tenté de faire passer la pilule du solfège de la manière la plus ludique possible. Mais dans ce chapitre, il va falloir aborder un peu de théorie. Impossible d'y échapper. Bien évidemment, nous allons faire en sorte que cette excursion dans le royaume des gammes autres que celle de do soit placée sous le signe de l'agrément.

Si vous avez observé diverses partitions du commerce, vous avez sans doute remarqué au début de certaines d'entre elles des altérations en tout début de portée

Dans cet exemple, un dièse est placé sur la ligne du fa, un autre sur la ligne du do et un troisième sur la ligne du sol. Lorsqu'une altération est indiquée « à l'armure », c'est-à-dire juste après la clé, cela signifie que les notes sont organisées autour d'une gamme différente de celle de do majeur. Dans cet exemple, le morceau évolue sur la « tonalité » (les notes de la gamme) de la majeur. Pas d'inquiétude, les explications suivent !…

1 - TONS ET DEMI-TONS

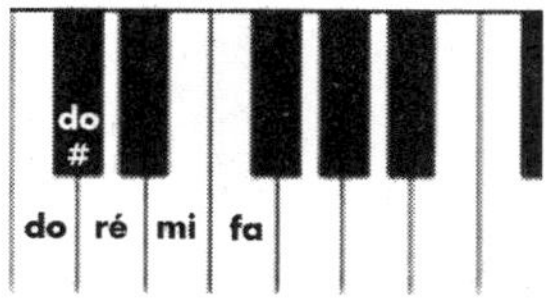

Une gamme est divisée en intervalles de base appelés « demi-tons ». Entre chaque touche du clavier, il existe un demi-ton, que ce soit entre une blanche et la noire la plus proche (par exemple entre do et do # ou entre do # et ré), ou entre une blanche et la blanche la plus proche, comme pour mi et fa.
La gamme chromatique de do comporte ainsi douze demi-tons :

de do à do # : 1 demi-ton
de do # à ré : 1 demi-ton. Il existe donc un ton (deux demi-tons) entre do et ré.
de ré à ré # : 1 demi-ton.
de ré # à mi : 1 demi-ton. Il existe donc un ton entre ré et mi.
de mi à fa : 1 demi-ton. Il existe seulement un demi-ton entre mi et fa.
de fa à fa # : 1 demi-ton.
de fa # à sol : 1 demi-ton. Il existe donc un ton entre fa et sol.
etc.

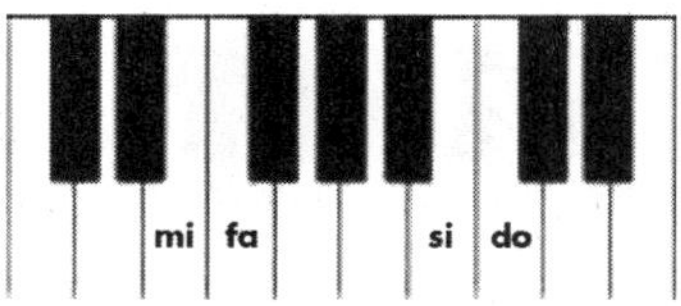

Le clavier du piano fait clairement ressortir la particularité de certains intervalles de cette gamme. La plupart des touches blanches sont séparées par un ton. En revanche, mi et fa et aussi si et do ne sont distants que d'un demi-ton. Une telle particularité apparaît visuellement, puisque aucune touche noire n'est présente entre ces paires de notes.

Examinons à présent la gamme de do majeur d'un point de vue diatonique (en ne prenant en compte que les touches blanches). Elle est organisée ainsi :

de do à ré : 1 ton,
de ré à mi : 1 ton,
de mi à fa : 1/2 ton,
de fa à sol : 1 ton,
de sol à la : 1 ton,
de la à si : 1 ton,
de si à do : 1/2 ton.

La gamme majeure (la différence entre majeur et mineur sera abordée au chapitre 12) de do est donc organisée aussi au niveau de la succession des tons :

$$1 \quad 1 \quad \frac{1}{2} \quad 1 \quad 1 \quad 1 \quad \frac{1}{2}$$

À suivre…

2 - TONALITÉ DE LA

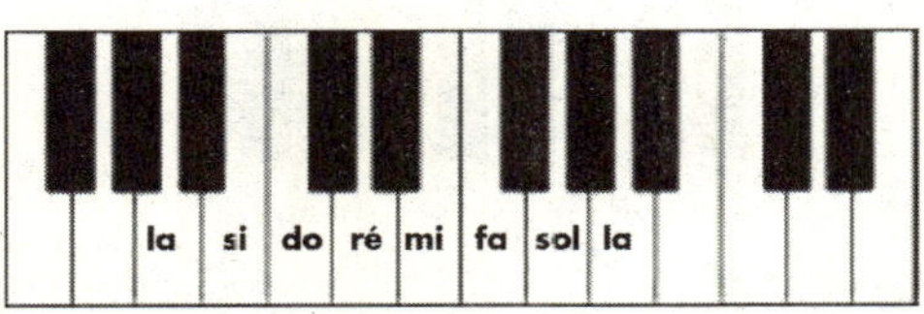

À présent, jouez sur le clavier les notes blanches qui vont du la 3 au la 4. En jouant une telle suite, écoutez bien la façon dont elle sonne par rapport à la gamme de do. Quelque chose est différent, n'est-ce pas ? L'humeur que dégage cette succession de notes n'est pas la même que celle de do…

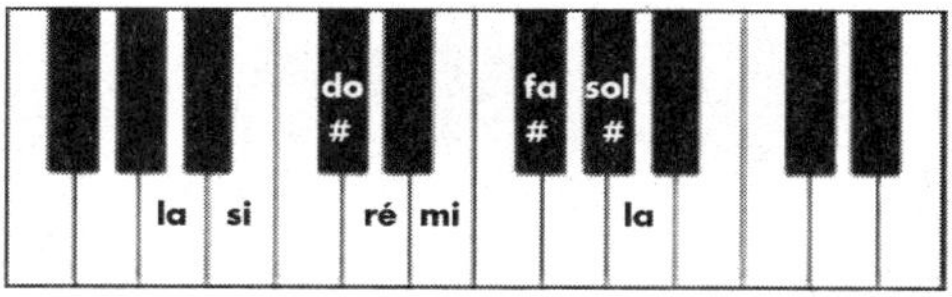

De fait, si vous désirez obtenir quelque chose qui ressemble à une gamme majeure en partant du la, il est nécessaire de diéser certaines notes. Écoutez ce que donne la séquence suivante lorsque vous la jouez sur le clavier : la si do # ré mi fa # sol # la. Vous obtenez une suite de notes qui ressemble à s'y méprendre à la gamme majeure !
Examinons les intervalles qui existent entre ces notes :

de la à si : 1 ton,
de si à do # : 1 ton,
de do # à ré : 1/2 ton,
de ré à mi : 1 ton,
de mi à fa # : 1 ton,
de fa # à sol # : 1 ton,
de sol # à la : 1/2 ton.

Soit : $1 \quad 1 \quad \frac{1}{2} \quad 1 \quad 1 \quad 1 \quad \frac{1}{2}$.

Toute ressemblance avec l'organisation de la gamme de do majeur n'est pas fortuite. Il se trouve que nous avons là la même structure. Une gamme majeure est composée d'une suite de huit notes organisées selon les intervalles de ton :

$$1 \quad 1 \quad \frac{1}{2} \quad 1 \quad 1 \quad 1 \quad \frac{1}{2}.$$

La gamme de la est obtenue en jouant fa #, do #, sol # et, hormis la gamme de do, toutes les gammes majeures comportent pareillement des notes altérées. La coutume veut que de telles altérations soient placées en tête de partition, juste après la clé. Ainsi, l'altération à l'armure, qui apparaît ici avec des dièses sur les lignes du fa, du do et du sol, correspond donc à la gamme (on parle de tonalité) majeure. Lorsqu'une telle altération à l'armure est indiquée, toutes les notes correspondantes sont automatiquement jouées de manière altérée.

Ainsi, dans la portée ci-dessus, il faut jouer chaque fa, quelle que soit sa hauteur, et chaque sol, comme s'il était immédiatement précédé d'un dièse. Si l'une de ces notes doit être jouée non altérée, comme le fa de la deuxième mesure, elle est alors individuellement précédée d'un bécarre (dont l'incidence couvre toute la mesure correspondante mais pas au-delà).

3 - LISTE DES GAMMES MAJEURES

La tonalité de sol majeur suit la même logique que celle de la majeur avec une suite de tons égale à :

$$1 \quad 1 \quad \frac{1}{2} \quad 1 \quad 1 \quad 1 \quad \frac{1}{2}.$$

Pour l'obtenir, il est nécessaire de diéser le **fa**. Pour la gamme de ré majeur, il faut diéser le **fa** et le **do**. Nous avons vu par ailleurs que la gamme de la majeur comporte 3 dièses : **fa**, **do** et **sol**. Selon la tonalité majeure utilisée pour une pièce musicale, nous aurons ainsi plus ou moins d'altérations à l'armure, mais avec une constante : le fa # est toujours présent, puis le do #, puis le sol #... La suite des altérations à l'armure est la suivante : **fa do sol ré la mi si**.
Voici la liste des gammes majeures :

Gamme majeure	Armures
Armures en dièses	
do	aucun
sol	fa
ré	fa do
la	fa do sol
mi	fa do sol ré
si	fa do sol ré la
fa #	fa do sol ré la mi
do #	fa do sol ré la mi si

Armures en bémols	
fa	si
si b	si mi
mi b	si mi la
la b	si mi la ré
ré b	si mi la ré sol
sol b	si mi la ré sol do
do b	si mi la ré sol do fa

4 - JOUER LA GAMME MAJEURE

Comment intégrer cette notion supplémentaire dans le déchiffrage d'une partition ? Ce qu'il faut faire, lorsque vous observez qu'une portée comporte une altération à l'armure, c'est consulter le tableau indiqué plus haut et, en tout premier lieu, pratiquer la gamme correspondante sur le clavier.

Une fois la tonalité du morceau bien assimilée, les notes altérées correspondantes tomberont plus naturellement sous vos doigts.

Ainsi, pour le morceau proposé au chapitre 11, qui se situe dans la gamme de ré majeur (avec deux dièses à l'armure, fa et do), habituez-vous à jouer cette gamme à l'endroit comme à l'envers, afin de bien assimiler le contexte dans lequel interviendront les notes du morceau.

Pour le reste, la méthode indiquée au chapitre 7 et la façon d'opérer suggérée au chapitre 8 pour la lecture des notes diésées s'appliquent telles quelles. Si vous intégrez la pratique de la gamme juste avant l'étude d'une partition avec altération à l'armure, le déchiffrage devrait s'opérer en douceur.

11
UN MORCEAU AVEC ALTÉRATION À L'ARMURE

NOTES SUR LA PARTITION

La méthode de travail à suivre pour déchiffrer une telle partition est indiquée dans le chapitre 7 et aussi dans les chapitres 8 (pour lire les notes diésées) et 10 (où il est recommandé de pratiquer initialement la gamme correspondante, celle de ré majeur ici).
Ce morceau comporte une main gauche un peu plus complexe que celle des morceaux précédents, mais, une fois que vous aurez assimilé le jeu sur une mesure, vous bénéficierez de cet acquis tout au long du morceau, car le jeu de la main gauche ne varie pas d'un bout à l'autre de la partition.
La superposition de la main droite sur la main gauche demandera une certaine pratique sur les mesures 5 et 6, mais elle ne devrait pas être très longue. Les autres mesures n'intègrent pas de difficultés particulières.
Le corps de ce morceau est composé de deux parties de huit mesures, sachant que les mesures 5 à 8 sont reproduites telles quelles de 9 à 12, tandis que les mesures 13 à 16 sont répétées sur la partie allant de 17 à 20.
Sur les mesures 1 à 4, une liaison d'articulation est placée sur les notes de la main gauche, indiquant qu'il faut jouer cette séquence de façon *legato* (liée). Nous n'avons pas reproduit cette liaison sur les mesures suivantes afin de ne pas surcharger la lecture, mais le même type de jeu s'applique d'un bout à l'autre de la partition.
Écoutez ce morceau sur la page Web associée à ce livre avant de l'interpréter.

Danic Age

Tempo : 104

Daniel Ichbiah

12

LA GAMME MINEURE

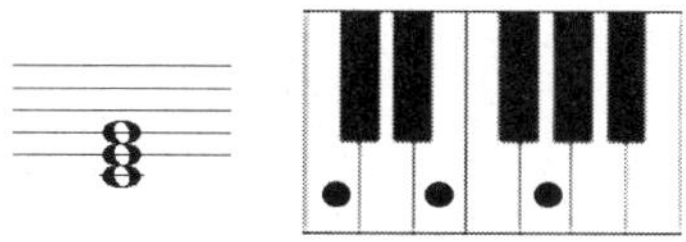

Jouez l'accord de do (do mi sol) sur votre clavier.

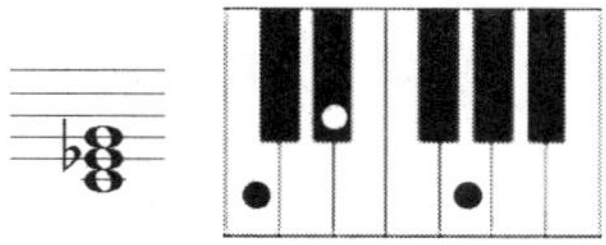

Jouez ensuite l'accord suivant : do mi b sol. Alternez la forme do mi sol et do mi b sol plusieurs fois de suite. Sentez-vous la différence entre ces deux accords ? Celui qui comporte un bémol sonne de manière plus tendre, plus nostalgique, alors que l'autre est plus affirmé. L'accord joué sur les touches blanches est un do majeur, tandis que le second est un do mineur.
Si vous jouez ces notes les unes après les autres (en arpège), cette différence d'ambiance demeure.

1 - Gamme mineure naturelle

Il existe trois types de gammes mineures : naturelle, harmonique et mélodique. Nous ne nous intéresserons ici qu'à la gamme mineure, dite naturelle.

Ce qu'il importe de retenir ici, c'est que la façon dont les notes sont associées entre elles engendre des types d'impression différents. Le majeur et le mineur sont les principales variantes que l'on rencontre couramment dans la musique.

À présent, jouez sur votre clavier la succession de notes : do, ré, mi b, fa, sol, la b, si b et do. Cette suite de notes est harmonieuse, la succession des notes s'opère en douceur, tout comme pour la gamme de do majeur. Mais, d'un bout à l'autre de cette suite, vous pouvez ressentir l'ambiance « mineure » qu'elle dégage (plus émotionnelle que la gamme de do majeur).
Nous avons là la gamme de do mineur naturelle.
Elle est découpée ainsi :

de do à ré : 1 ton
de ré à mi b : 1/2 ton
de mi b à fa : 1 ton
de fa à sol : 1 ton
de sol à la b : 1/2 ton
de lab à si b : 1 ton
de si b à do : 1 ton

À présent, considérons les notes qui partent du la.

Dans le chapitre 10, nous avons étudié la gamme de la majeur et elle était constituée ainsi : la, si, do #, ré, mi, fa #, sol #, la. Jouez cette gamme sur votre clavier.

Jouez ensuite la séquence composée de toutes les touches blanches qui vont du la 3 au la 4. Comparez les deux suites de notes. La séquence non altérée dégage une ambiance mineure qui n'est pas sans rappeler celle du do mineur. Et pour cause, il s'agit de la gamme de la mineur (naturelle) !
Examinons les intervalles d'une telle suite de notes :

de la à si : 1 ton
de si à do : 1/2 ton
de do à ré : 1 ton
de ré à mi : 1 ton
de mi à fa : 1/2 ton
de fa à sol : 1 ton
de sol à la : 1 ton.

Il s'agit bien de la même organisation de notes que dans la gamme de do mineur. Nous pouvons donc en déduire qu'une gamme mineure est composée de huit notes organisées selon les intervalles suivants :

$$1 \quad \frac{1}{2} \quad 1 \quad 1 \quad \frac{1}{2} \quad 1 \quad 1.$$

Comme dans le cas des tonalités majeures, les tonalités mineures seront indiquées par une ou plusieurs altérations (des bémols) à l'armure.

Nous avons par exemple ici l'altération à l'armure correspondant à la gamme de do mineur (si b mi b la b).

2 - Liste des gammes mineures

Vous trouverez ci-après la liste des gammes mineures.

Gammes mineures	Armures
Armures en dièses	
la	Ø
mi	fa
si	fa-do
fa #	fa-do-sol
do #	fa-do-sol-ré
sol #	fa-do-sol-ré-la
ré #	fa-do-sol-ré-la-mi
la #	fa-do-sol-ré-la-mi-si
Armures en bémols	
la	Ø
ré	si
sol	si mi
do	si mi la
fa	si mi la ré
si b	si mi la ré sol
mi b	si mi la ré sol do
la b	si mi la ré sol do fa

Comme vous l'avez peut-être remarqué, la succession des bémols est exactement inverse à la succession des dièses dans les gammes majeures.

3 - Jouer une partition en mineur

Lorsque vous abordez une partition avec des bémols à la clé, la toute première étape consiste à jouer la gamme correspondante avant d'interpréter la partition. Vous pouvez consulter le tableau présent dans la section précédente afin de déterminer la tonalité.
Le chapitre suivant va permettre une mise en pratique des données abordées ici, en vous amenant à étudier un extrait d'un prélude de Bach.

13

UN MORCEAU EN TONALITÉ MINEURE

NOTES SUR LA PARTITION

Ce morceau est la première partie du Prélude n° 2 en do mineur BWV 934 de Jean-Sébastien Bach, légèrement simplifié afin de faciliter son apprentissage. Pour information, un prélude est une pièce musicale de forme libre. Généralement, les préludes servent d'introduction à des œuvres plus complètes, le terme venant du latin *praeludare*, qui signifie « se préparer à jouer », mais ils peuvent aussi constituer des pièces indépendantes.
La méthode de travail à suivre pour déchiffrer cette partition est indiquée dans le chapitre 7 et dans les chapitres 8 (pour lire les notes diésées) et 12 (où il est recommandé de pratiquer d'abord la gamme correspondante, celle de do mineur ici).
Dans ce morceau, la difficulté essentielle vient de ce que la main gauche varie d'un bout à l'autre de la partition, mais sa forme rythmique est simple : des noires ou des croches. La main droite ne présente pas de difficulté rythmique, à l'exception des mesures 2 et 4, qui comportent des doubles-croches.
Écoutez ce morceau sur la page Web associée à ce livre avant de l'interpréter.

Prélude n° 2 en do mineur BWV 934

Tempo : 126

1ère partie

Jean-Sébastien Bach

14

TROIS MORCEAUX CÉLÈBRES DU RÉPERTOIRE CLASSIQUE

Pour terminer cette étude, nous vous proposons d'étudier et d'interpréter trois des morceaux les plus célèbres du répertoire classique :

– un prélude de Bach,
– un extrait de la *Sonate au clair de lune* de Beethoven,
– un extrait des *Gymnopédies* d'Erik Satie.

Les partitions que nous vous proposons ici ont été simplifiées afin d'être adaptées à une lecture aisée. Elles correspondent toutefois à la musique originelle, écrite par ces compositeurs.

Vous pouvez écouter ces morceaux sur la page Web associée à ce livre avant de les interpréter.

Prélude n°1 BWV 846

Johann Sebastian Bach

Pno
Pno
Pno
Pno
Pno

21
22
Pno
23
24
Pno
25
26
Pno
27
28
Pno
29
30
Pno

Ce morceau de Bach est l'un des plus célèbres de son répertoire et il est relativement facile à jouer, car il est constitué d'un bout à l'autre d'un arpège, répété deux fois sur chaque mesure. La main gauche joue le premier temps et le troisième temps (clé de fa) de la mesure et la main droite les autres temps (clé de sol).

Sur de nombreuses mesures, nous avons indiqué des notes au-dessous du do 3 sur la clé de sol (comme dans la mesure 10 où nous avons un la 2). Cette notation sous le do 3 se continue jusqu'au fa 2, comme dans la mesure 17. À partir de la mesure 18, les notes plus basses (comme le ré dans cette mesure 18) sont indiquées sur la clé de fa car il aurait été difficile de continuer à les noter sur la clé de sol. Toutefois, ce deuxième temps doit être joué avec la main droite. Notons que le premier temps équivaut à une blanche, mais qu'il est représenté avec des notes liées.

1re Gymnopédie

extrait

Erik Satie

On ne se lasse jamais d'entendre et de réentendre la fameuse *1re Gymnopédie* d'Erik Satie. Par bonheur, sur la partition que nous vous présentons ici, elle est relativement accessible, la main droite se contentant de jouer des noires tandis que la main gauche joue un motif d'une même forme : une note sur le premier temps, un accord sur le deuxième temps. Seules les mesures 38 et 39 (que l'on retrouve en 77 et 78) se révèlent un peu plus ardues.

Sonate au clair de lune

Ludwig van Beethoven

La *Sonate au clair de lune* de Beethoven est, là encore, l'une des mélodies les plus connues du répertoire classique. Nous avons ici une version réduite qui ne s'étend que sur 15 mesures.

Ici comme dans le prélude de Bach abordé précédemment, nous avons affaire à des arpèges. Toutefois, le déchiffrage de cette partition devrait vous paraître plus ardu. En premier lieu, nous avons 4 dièses à la clé, mais aussi, comme dans la mesure 10, de nombreux bécarres invitant à jouer une note non altérée. De plus, l'arpège repose sur des triolets, ce qui signifie qu'il faut jouer trois notes par temps.

La beauté de ce prélude devrait suffire à vous donner envie d'aller de l'avant.

15

UN MORCEAU COMPLET

NOTES SUR LA PARTITION

Pour terminer cette étude, quoi de mieux qu'un morceau complet à interpréter, certes court, mais formant un tout. Il s'agit d'une novelette (un nom inventé par R. Schumann pour désigner une pièce de caractère gaie ou divertissante). Cornelius Gurlitt est un compositeur né en Prusse en 1820 qui a écrit de très nombreux morceaux, dont certains avaient une vocation didactique.

Ce morceau reprend un grand nombre de notions abordées tout au long de cette étude. Le passage qui pourrait poser problème est celui qui va de la mesure 11 à la mesure 16 (et que l'on retrouve de la mesure 27 à 32), car il nécessite un bon enchaînement des doigts. Nous avons donc indiqué un doigté conseillé pour cette partie, ainsi que pour celle qui démarre à la mesure 17. Notez aussi que certaines indications d'expression apparaissent ici, tel le **p** qui indique un jeu *piano* ou doux (voir chapitre 2).

Écoutez ce morceau sur la page Web associée à ce livre avant de l'interpréter.

Novelette

Tempo : 104

Cornelius GURLITT

Novelette - page 1

17
1
2
5
3
1
1
p
cresc
21
3
f
25
p
29

ACTION !

Nous espérons qu'au sortir de cette étude vous avez acquis le plaisir de jouer des partitions que vous aurez patiemment déchiffrées, en décodant les éléments de ce singulier langage qu'est le solfège.
Abordez en priorité des partitions pour débutants, telles que l'on en trouve dans certains magazines consacrés au piano ou sur certains CD-ROM. Lorsque vous vous trouvez à l'extérieur et loin d'un clavier, vous pouvez déjà vous exercer à déchiffrer les rythmes et le nom des notes. Une autre pratique fructueuse consiste à recopier des partitions tout en énonçant les notes au fur et à mesure de leur écriture. Profitez de chaque moment de liberté pour vous familiariser avec les notes, leur durée et les autres signes qui abondent sur la portée et autour d'elle.
Si vous désirez aller de l'avant, d'autres méthodes vous attendent, plus formelles mais aussi plus exhaustives. En les abordant, peut-être trouverez-vous que celle-ci était un peu trop simplificatrice, irrespectueuse des canons officiels. Mais si elle a ouvert la porte à l'interprétation de partitions, alors qu'auparavant un tel domaine semblait inaccessible, alors l'objectif a été atteint. Les morceaux que vous adulez couleront peut-être un jour sous vos doigts parce que vous aurez appris à maîtriser la notation du solfège et à la transcrire en musique.
Alors, un seul mot d'ordre :

MUSIQUE !

Librio

602

Composition Nord Compo
Achevé d'imprimer en Italie par Grafica Veneta
en novembre 2018 pour le compte de E.J.L.
87, quai Panhard-et-Levassor, 75013 Paris
Dépôt légal août 2013
EAN 9782290076606
OTP L21ELLN000566A006

Diffusion France et étranger : Flammarion